技工院校汽车类专业（中级技能层级）

中等职业学校汽车类专业

汽车电气设备构造与维修（第三版）工作页

邹龙军　主编

中国劳动社会保障出版社

简介

本工作页是技工院校汽车类专业教材（中级技能层级）/ 中等职业学校汽车类专业教材《汽车电气设备构造与维修（第三版）》的配套用书，按照教材的任务顺序编写，用于教学中实训过程的学习、记录与评价。本工作页关注学生的学习过程，强调知识、技能的同步提升，每个任务都包含“任务目标”“任务准备”“任务实施”“考核评价”等环节，适合汽车类专业教学使用。

本工作页由邹龙军任主编，李春发、杨臣尉、鲁洪波、刘敏、尹晖、欧阳博、贺可、彭弘哲参与编写，羌春晓审稿。

图书在版编目（CIP）数据

汽车电气设备构造与维修（第三版）工作页 / 邹龙军主编. -- 北京 : 中国劳动社会保障出版社，2024.
（技工院校汽车类专业）（中等职业学校汽车类专业）.
ISBN 978-7-5167-6755-9

Ⅰ. U472. 41

中国国家版本馆 CIP 数据核字第 20242PT011 号

中国劳动社会保障出版社出版发行
（北京市惠新东街 1 号　邮政编码：100029）

*

北京市科星印刷有限责任公司印刷装订　　新华书店经销
787 毫米 ×1092 毫米　16 开本　8.5 印张　167 千字
2024 年 11 月第 1 版　　2025 年 8 月第 2 次印刷
定价：17.00 元

营销中心电话：400-606-6496
出版社网址：https://www.class.com.cn
https://jg.class.com.cn

目录

项目一 ——汽车电气系统概述

任务1　汽车电气系统认知

一、任务目标

1. 能描述汽车电气系统的组成。
2. 能认知汽车电气系统的主要组成部件及其安装位置。

二、任务准备

1. 实训场地

（1）实训场地应明亮、卫生、整洁，并按规定配备灭火器。

（2）实训车辆应停放在规定位置。

2. 实训器材

根据任务要求，准备好相关的实训器材，清点核对后将检查结果记录在下表中。

实训器材清单

序号	名称	说明	检查结果
1	工具车	配备常用工具	
2	零件车		
3	工作台		
4	维修手册	与实训车辆相匹配	
5	举升机		
6	手电筒		
7	抹布		

3. 安全防护

（1）实训人员应穿工作服和防护鞋，戴安全帽。

（2）实训场地应设置好隔离栏，放置好警示牌。

（3）实训车辆应安全可靠固定，并安装好防护用品。

（4）操作过程应规范、标准，设备使用应严格遵守操作规程，注意人身和设备安全。

三、任务实施

汽车电气系统认知

班级：　　　　　　　　　姓名：　　　　　　　　　工位：

<table>
<tr><th colspan="4">实训车辆信息</th></tr>
<tr><td>品牌</td><td></td><td>VIN</td><td></td></tr>
<tr><td>型号</td><td></td><td>行驶里程</td><td></td></tr>
<tr><td>外观
检查</td><td colspan="3"></td></tr>
<tr><td>内部
检查</td><td colspan="3"></td></tr>
</table>

<table>
<tr><th colspan="4">操作过程</th></tr>
<tr><th>序号</th><th>操作内容</th><th colspan="2">情况记录</th></tr>
<tr><td rowspan="5">1</td><td rowspan="5">认知电源系统</td><td>主要组成部件</td><td>安装位置</td></tr>
<tr><td></td><td></td></tr>
<tr><td></td><td></td></tr>
<tr><td></td><td></td></tr>
<tr><td></td><td></td></tr>
</table>

续表

序号	操作内容	情况记录	
		主要组成部件	安装位置
2	认知起动系统		
		主要组成部件	安装位置
3	认知点火系统		
		主要组成部件	安装位置
4	认知照明与信号系统		

续表

<table>
<tr><th>序号</th><th>操作内容</th><th>情况记录</th></tr>
<tr><td>5</td><td>认知仪表与警报系统</td><td><table><tr><th>主要组成部件</th><th>安装位置</th></tr><tr><td></td><td></td></tr><tr><td></td><td></td></tr><tr><td></td><td></td></tr><tr><td></td><td></td></tr><tr><td></td><td></td></tr><tr><td></td><td></td></tr></table></td></tr>
<tr><td>6</td><td>认知辅助电气设备</td><td><table><tr><th>辅助电气设备</th><th>安装位置</th></tr><tr><td></td><td></td></tr><tr><td></td><td></td></tr><tr><td></td><td></td></tr><tr><td></td><td></td></tr><tr><td></td><td></td></tr><tr><td></td><td></td></tr></table></td></tr>
</table>

续表

<table>
<tr><th>序号</th><th>操作内容</th><th>情况记录</th></tr>
<tr><td>7</td><td>认知空调系统</td><td><table><tr><td>主要组成部件</td><td>安装位置</td></tr><tr><td></td><td></td></tr><tr><td></td><td></td></tr><tr><td></td><td></td></tr><tr><td></td><td></td></tr><tr><td></td><td></td></tr><tr><td></td><td></td></tr></table></td></tr>
<tr><td>8</td><td>按照“8S”管理规定（整理、整顿、清扫、清洁、素养、安全、节约、学习）整理实训场地</td><td></td></tr>
<tr><td colspan="3">任务总结</td></tr>
<tr><td colspan="3">（对任务完成情况、技术要点、操作注意事项、存在问题等进行总结）</td></tr>
</table>

四、考核评价

考核评价表

班级：　　　　　　　　　　姓名：　　　　　　　　　　工位：

项目	内容	评价标准	配分	评价记录	得分
任务准备	实训场地	1. 实训场地明亮、卫生、整洁，并按规定配备灭火器 2. 实训车辆停放在规定位置	4		
	实训器材	实训器材配备齐全	2		
		工具车中工具齐全，无损坏	2		
		实训器材摆放规范、整齐	2		
	安全防护	实训人员规范穿戴防护用品	2		
		实训场地设置隔离栏，放置警示牌	2		
		实训车辆使用车轮挡块安全固定	2		
		规范检查车辆	2		
		规范安装车辆防护用品	2		
任务实施	汽车电气系统认知	正确认知电源系统的主要组成部件及其安装位置	10		
		正确认知起动系统的主要组成部件及其安装位置	10		
		正确认知点火系统的主要组成部件及其安装位置	10		
		正确认知照明与信号系统的主要组成部件及其安装位置	10		
		正确认知仪表与警报系统的主要组成部件及其安装位置	10		
		正确认知辅助电气设备及其安装位置	10		
		正确认知空调系统的主要组成部件及其安装位置	10		
职业素养	“8S”管理	遵循“8S”管理规定	10		
安全生产	1. 因违规操作导致工具、设备损坏，扣10分 2. 因违规操作导致触电、火灾、人身安全事故、设备重大损坏，记0分				
总评					

教师签名：　　　　　　　　　　　　　　　　考核日期：

任务 2　汽车电气系统检测工具使用

一、任务目标

1. 能描述跨接线、测试灯、万用表、钳形电流表等常用的汽车电气系统检测工具的功能、使用方法和注意事项。

2. 能规范使用汽车电气系统检测工具检测电子元器件。

二、任务准备

1. 实训场地

（1）实训场地应明亮、卫生、整洁，并按规定配备灭火器。

（2）实训车辆应停放在规定位置。

2. 实训器材

根据任务要求，准备好相关的实训器材，清点核对后将检查结果记录在下表中。

实训器材清单

序号	名称	说明	检查结果
1	工具车	配备常用工具	
2	零件车		
3	工作台		
4	维修手册	与实训车辆相匹配	
5	跨接线		
6	12 V 无源测试灯		
7	12 V 有源测试灯		
8	指针式万用表		
9	数字式万用表		
10	碳膜电阻器		
11	干电池		
12	抹布		

3. 安全防护

（1）实训人员应穿工作服和防护鞋。

（2）实训场地应设置好隔离栏，放置好警示牌。

（3）实训车辆应安全可靠固定，并安装好防护用品。

（4）操作过程应规范、标准，设备使用应严格遵守操作规程，注意人身和设备安全。

三、任务实施

汽车电气系统检测工具使用

班级：　　　　　　　　　　姓名：　　　　　　　　　　工位：

实训车辆信息			
品牌		VIN	
型号		行驶里程	
外观检查			
内部检查			

操作过程

序号	操作内容	情况记录
1	检查跨接线	（1）跨接线是否破损 检查结果： （2）跨接线是否导通 检测工具： 正常电阻： 实测电阻： 是 / 否发出蜂鸣声： 检测结果：
2	使用 12 V 无源测试灯检测汽车蓄电池	灯亮 / 灭： 检测结果：
3	使用 12 V 有源测试灯检测汽车蓄电池	灯亮 / 灭： 显示数值： 检测结果：

续表

序号	操作内容	情况记录
4	使用指针式万用表测量碳膜电阻器的电阻	标称电阻： 实测电阻：
5	使用指针式万用表测量干电池的电压	标称电压： 实测电压：
6	使用数字式万用表测量碳膜电阻器的电阻	标称电阻： 实测电阻：
7	使用数字式万用表测量干电池的电压	标称电压： 实测电压：
8	按照“8S”管理规定整理实训场地	

任务总结
（对任务完成情况、技术要点、操作注意事项、存在问题等进行总结）

四、考核评价

考核评价表

班级：　　　　　　　　　　姓名：　　　　　　　　　　工位：

项目	内容	评价标准	配分	评价记录	得分
任务准备	实训场地	1. 实训场地明亮、卫生、整洁，并按规定配备灭火器 2. 实训车辆停放在规定位置	4		
	实训器材	实训器材配备齐全	2		
		工具车中工具齐全，无损坏	2		
		实训器材摆放规范、整齐	2		
	安全防护	实训人员规范穿戴防护用品	2		
		实训场地设置隔离栏，放置警示牌	2		
		实训车辆使用车轮挡块安全固定	2		
		规范检查车辆	2		
		规范安装车辆防护用品	2		
任务实施	汽车电气系统检测工具使用	正确检查跨接线	10		
		正确使用 12 V 无源测试灯检测汽车蓄电池	10		
		正确使用 12 V 有源测试灯检测汽车蓄电池	10		
		正确使用指针式万用表测量碳膜电阻器的电阻	10		
		正确使用指针式万用表测量干电池的电压	10		
		正确使用数字式万用表测量碳膜电阻器的电阻	10		
		正确使用数字式万用表测量干电池的电压	10		
职业素养	“8S”管理	遵循“8S”管理规定	10		
安全生产	1. 因违规操作导致工具、设备损坏，扣 10 分 2. 因违规操作导致触电、火灾、人身安全事故、设备重大损坏，记 0 分				
总评					

教师签名：　　　　　　　　　　　　　　　　考核日期：

任务 3　汽车电路和电气元件检测

一、任务目标

1. 能规范测量汽车电路的基本电参数。
2. 能规范检测电容器。
3. 能规范检测二极管和三极管。

二、任务准备

1. 实训场地

（1）实训场地应明亮、卫生、整洁，并按规定配备灭火器。
（2）实训车辆应停放在规定位置。

2. 实训器材

根据任务要求，准备好相关的实训器材，清点核对后将检查结果记录在下表中。

实训器材清单

序号	名称	说明	检查结果
1	工具车	配备常用工具	
2	零件车		
3	工作台		
4	维修手册	与实训车辆相匹配	
5	指针式万用表		
6	数字式万用表		
7	电解电容器		
8	二极管	1N4001	
9	NPN 型三极管	S8050	
10	PNP 型三极管	S8550	
11	抹布		

3. 安全防护

（1）实训人员应穿工作服和防护鞋。

（2）实训场地应设置好隔离栏，放置好警示牌。

（3）实训车辆应安全可靠固定，并安装好防护用品。

（4）操作过程应规范、标准，设备使用应严格遵守操作规程，注意人身和设备安全。

三、任务实施

汽车电路和电气元件检测

班级： 姓名： 工位：

实训车辆信息

品牌		VIN	
型号		行驶里程	
外观检查			
内部检查			

操作过程

序号	操作内容	情况记录
1	使用万用表测量汽车蓄电池的静态输出电压	正常电压： 实测电压：
2	使用万用表测量汽车蓄电池的静态输出电流	正常电流： 实测电流：
3	使用万用表测量汽车发动机舱中起动熔丝的电阻	正常电阻： 实测电阻： 注意事项：
4	使用指针式万用表检测电解电容器	标称电容： 注意事项： 电容器质量：

续表

序号	操作内容	情况记录
5	使用指针式万用表检测二极管	正向电阻： 反向电阻： 二极管质量：
6	使用数字式万用表检测二极管	正向压降： 二极管质量：
7	使用指针式万用表检测三极管	三极管类型： 三极管放大倍数：
8	使用数字式万用表检测三极管	三极管类型：
9	按照“8S”管理规定整理实训场地	

任务总结
（对任务完成情况、技术要点、操作注意事项、存在问题等进行总结）

四、考核评价

考核评价表

班级：　　　　　　　　　　姓名：　　　　　　　　　　工位：

项目	内容	评价标准	配分	评价记录	得分
任务准备	实训场地	1. 实训场地明亮、卫生、整洁，并按规定配备灭火器 2. 实训车辆停放在规定位置	4		
	实训器材	实训器材配备齐全	2		
		工具车中工具齐全，无损坏	2		
		实训器材摆放规范、整齐	2		
	安全防护	实训人员规范穿戴防护用品	2		
		实训场地设置隔离栏，放置警示牌	2		
		实训车辆使用车轮挡块安全固定	2		
		规范检查车辆	2		
		规范安装车辆防护用品	2		
任务实施	汽车电路和电气元件检测	正确使用万用表测量蓄电池的静态输出电压	10		
		正确使用万用表测量汽车蓄电池的静态输出电流	10		
		正确使用万用表测量汽车发动机舱中起动熔丝的电阻	10		
		正确使用指针式万用表检测电解电容器	10		
		正确使用指针式万用表检测二极管	10		
		正确使用数字式万用表检测二极管	5		
		正确使用指针式万用表检测三极管	10		
		正确使用数字式万用表检测三极管	5		
职业素养	“8S”管理	遵循“8S”管理规定	10		
安全生产	1. 因违规操作导致工具、设备损坏，扣10分 2. 因违规操作导致触电、火灾、人身安全事故、设备重大损坏，记0分				
总评					

教师签名：　　　　　　　　　　　　考核日期：

项目二
——汽车电源系统构造与维修

任务 1　蓄电池认知

一、任务目标

1. 能描述蓄电池的作用和类型。
2. 能认知汽车蓄电池的安装位置和铭牌。
3. 能规范进行蓄电池外观检查。

二、任务准备

1. 实训场地

（1）实训场地应明亮、卫生、整洁，并按规定配备灭火器。

（2）实训车辆应停放在规定位置。

2. 实训器材

根据任务要求，准备好相关的实训器材，清点核对后将检查结果记录在下表中。

实训器材清单

序号	名称	说明	检查结果
1	工具车	配备常用工具	
2	零件车		
3	工作台		
4	维修手册	与实训车辆相匹配	
5	抹布		

3. 安全防护

（1）实训人员应穿工作服和防护鞋。

（2）实训场地应设置好隔离栏，放置好警示牌。

（3）实训车辆应安全可靠固定，并安装好防护用品。

（4）操作过程应规范、标准，设备使用应严格遵守操作规程，注意人身和设备安全。

三、任务实施

蓄电池外观检查

班级：　　　　　　　　　　姓名：　　　　　　　　　　工位：

实训车辆信息

品牌		VIN	
型号		行驶里程	
外观检查			
内部检查			

操作过程

序号	操作内容	情况记录
1	认知蓄电池的安装位置	蓄电池在车辆上的安装位置：
2	识别蓄电池铭牌	蓄电池型号： 冷起动电流（CCA）：
3	检查蓄电池外壳	（1）外壳是否破损、膨胀或变形： （2）排气孔是否堵塞： （3）电池盖连接处是否开裂：
4	检查蓄电池观察孔	（1）观察孔是否破损： （2）观察孔内小球颜色 正常颜色： 实际颜色：

续表

序号	操作内容	情况记录
5	检查蓄电池负极	（1）负极端子是否腐蚀： （2）负极端子是否磨损：
6	检查蓄电池正极	（1）正极端子是否腐蚀： （2）正极端子是否磨损：
7	按照“8S”管理规定整理实训场地	

任务总结

（对任务完成情况、技术要点、操作注意事项、存在问题等进行总结）

四、考核评价

考核评价表

班级： 姓名： 工位：

项目	内容	评价标准	配分	评价记录	得分
任务准备	实训场地	1. 实训场地明亮、卫生、整洁，并按规定配备灭火器 2. 实训车辆停放在规定位置	4		
	实训器材	实训器材配备齐全	2		
		工具车中工具齐全，无损坏	2		
		实训器材摆放规范、整齐	2		
	安全防护	实训人员规范穿戴防护用品	2		
		实训场地设置隔离栏，放置警示牌	2		
		实训车辆使用车轮挡块安全固定	2		
		规范检查车辆	2		
		规范安装车辆防护用品	2		
任务实施	蓄电池外观检查	正确认知蓄电池的安装位置	10		
		正确识别蓄电池铭牌	12		
		正确检查蓄电池外壳	12		
		正确检查蓄电池观察孔	12		
		正确检查蓄电池负极	12		
		正确检查蓄电池正极	12		
职业素养	“8S”管理	遵循“8S”管理规定	10		
安全生产	1. 因违规操作导致工具、设备损坏，扣 10 分 2. 因违规操作导致触电、火灾、人身安全事故、设备重大损坏，记 0 分				
总评					

教师签名： 考核日期：

任务 2　蓄电池构造和工作原理

一、任务目标

1. 能描述蓄电池的结构、工作原理和技术参数。
2. 能规范进行蓄电池性能检测。
3. 能根据检测结果判断蓄电池性能。

二、任务准备

1. 实训场地

实训场地应明亮、卫生、整洁，并按规定配备灭火器。

2. 实训器材

根据任务要求，准备好相关的实训器材，清点核对后将检查结果记录在下表中。

实训器材清单

序号	名称	说明	检查结果
1	工具车	配备常用工具	
2	零件车		
3	工作台		
4	维修手册	与实训车辆相匹配	
5	蓄电池		
6	万用表		
7	高率放电计		
8	蓄电池检测仪		
9	抹布		

3. 安全防护

（1）实训人员应穿工作服和防护鞋。

（2）实训场地应设置好隔离栏，放置好警示牌。

（3）蓄电池应保持干燥、整洁，并安装好端子保护套。

（4）操作过程应规范、标准，设备使用应严格遵守操作规程，注意人身和设备安全。

三、任务实施

蓄电池性能检测

班级：　　　　　　　　　　姓名：　　　　　　　　　　工位：

蓄电池信息

型号		标称电压	
额定容量		冷起动电流标准值	
外观检查			

操作过程

序号	操作内容	情况记录
1	检测蓄电池开路电压	检测工具： 开路电压：
2	检测蓄电池放电电压	检测工具： 放电电压：
3	检测蓄电池使用性能	检测工具： （1）内阻： （2）冷启动电流（CCA）： （3）荷电状态（SOC）： （4）健康状态（SOH）：
4	判断蓄电池性能	是否正常： 是否需要维修或更换：
5	按照“8S”管理规定整理实训场地	

续表

任务总结
（对任务完成情况、技术要点、操作注意事项、存在问题等进行总结）

四、考核评价

考核评价表

班级：　　　　　　　　　　　姓名：　　　　　　　　　　　工位：

项目	内容	评价标准	配分	评价记录	得分
任务准备	实训场地	实训场地明亮、卫生、整洁，并按规定配备灭火器	4		
	实训器材	实训器材配备齐全	2		
		工具车中工具齐全，无损坏	2		
		实训器材摆放规范、整齐	2		
	安全防护	实训人员规范穿戴防护用品	2		
		实训场地设置隔离栏，放置警示牌	2		
		蓄电池保持干燥、整洁，并安装端子保护套	2		
		蓄电池在工作台放置平稳、可靠	2		
		规范检查蓄电池外观	2		

续表

项目	内容	评价标准	配分	评价记录	得分
任务实施	蓄电池性能检测	正确检测蓄电池开路电压	10		
		正确检测蓄电池放电电压	10		
		正确检测蓄电池内阻	10		
		正确检测蓄电池 CCA	10		
		正确检测蓄电池 SOC	10		
		正确检测蓄电池 SOH	10		
		正确判断蓄电池性能	10		
职业素养	“8S”管理	遵循“8S”管理规定	10		
安全生产	1. 因违规操作导致工具、设备损坏，扣 10 分 2. 因违规操作导致触电、火灾、人身安全事故、设备重大损坏，记 0 分				
总评					

教师签名： 考核日期：

任务3　蓄电池维修

一、任务目标

1. 能描述蓄电池的使用与维护方法。
2. 能描述蓄电池的常见故障及其排除方法。
3. 能规范进行蓄电池更换。
4. 能对更换蓄电池后的车辆进行检查、验证。

二、任务准备

1. 实训场地

（1）实训场地应明亮、卫生、整洁，并按规定配备灭火器。

（2）实训车辆应停放在规定位置。

2. 实训器材

根据任务要求，准备好相关的实训器材，清点核对后将检查结果记录在下表中。

实训器材清单

序号	名称	说明	检查结果
1	工具车	配备常用工具	
2	零件车		
3	工作台		
4	维修手册	与实训车辆相匹配	
5	蓄电池		
6	故障诊断仪		
7	抹布		

3. 安全防护

（1）实训人员应穿工作服和防护鞋。

（2）实训场地应设置好隔离栏，放置好警示牌。

（3）实训车辆应安全可靠固定，并安装好防护用品。

（4）操作过程应规范、标准，设备使用应严格遵守操作规程，注意人身和设备安全。

三、任务实施

蓄电池更换

班级：　　　　　　　　　　　　　　姓名：　　　　　　　　　　　　　　工位：

<table>
<tr><td colspan="4">实训车辆信息</td></tr>
<tr><td>品牌</td><td></td><td>VIN</td><td></td></tr>
<tr><td>型号</td><td></td><td>行驶里程</td><td></td></tr>
<tr><td>外观检查</td><td colspan="3"></td></tr>
<tr><td>内部检查</td><td colspan="3"></td></tr>
</table>

<table>
<tr><td colspan="3">操作过程</td></tr>
<tr><th>序号</th><th>操作内容</th><th>情况记录</th></tr>
<tr><td>1</td><td>检查车辆状况</td><td>（1）蓄电池充电警报灯是否点亮：
（2）有无故障码：</td></tr>
<tr><td>2</td><td>更换蓄电池前准备</td><td>点火开关状态：</td></tr>
<tr><td>3</td><td>拆卸蓄电池正、负极电缆</td><td>工具：
拆卸顺序：
注意事项：</td></tr>
<tr><td>4</td><td>拆卸蓄电池</td><td>工具：
注意事项：</td></tr>
<tr><td>5</td><td>检查新的蓄电池</td><td>新的蓄电池外观：
型号：</td></tr>
<tr><td>6</td><td>安装新的蓄电池</td><td>安装顺序：
注意事项：</td></tr>
</table>

续表

序号	操作内容	情况记录
7	检查、验证车辆	（1）车辆能否正常起动： （2）有无故障码：
8	按照“8S”管理规定整理实训场地	

任务总结
（对任务完成情况、技术要点、操作注意事项、存在问题等进行总结）

四、考核评价

考核评价表

班级：　　　　　　　　　　姓名：　　　　　　　　　　工位：

项目	内容	评价标准	配分	评价记录	得分
任务准备	实训场地	1. 实训场地明亮、卫生、整洁，并按规定配备灭火器 2. 实训车辆停放在规定位置	4		
	实训器材	实训器材配备齐全	2		
		工具车中工具齐全，无损坏	2		
		实训器材摆放规范、整齐	2		

续表

项目	内容	评价标准	配分	评价记录	得分
任务准备	安全防护	实训人员规范穿戴防护用品	2		
		实训场地设置隔离栏，放置警示牌	2		
		实训车辆使用车轮挡块安全固定	2		
		规范检查车辆	2		
		规范安装车辆防护用品	2		
任务实施	蓄电池更换	正确检查车辆状况	10		
		正确关闭点火开关	10		
		正确拆卸蓄电池正、负极电缆	10		
		正确拆卸蓄电池	10		
		正确检查新的蓄电池	10		
		正确安装新的蓄电池	10		
		正确检查、验证车辆	10		
职业素养	“8S”管理	遵循“8S”管理规定	10		
安全生产	1. 因违规操作导致工具、设备损坏，扣 10 分 2. 因违规操作导致触电、火灾、人身安全事故、设备重大损坏，记 0 分				
总评					

教师签名：　　　　　　　　　　　　　　考核日期：

任务 4　交流发电机认知

一、任务目标

1. 能描述发电机的作用和类型。
2. 能认知汽车交流发电机的安装位置和铭牌。
3. 能规范进行交流发电机及其相关部件检查。

二、任务准备

1. 实训场地

（1）实训场地应明亮、卫生、整洁，并按规定配备灭火器。

（2）实训车辆应停放在规定位置。

2. 实训器材

根据任务要求，准备好相关的实训器材，清点核对后将检查结果记录在下表中。

实训器材清单

序号	名称	说明	检查结果
1	工具车	配备常用工具	
2	零件车		
3	工作台		
4	维修手册	与实训车辆相匹配	
5	手电筒		
6	抹布		

3. 安全防护

（1）实训人员应穿工作服和防护鞋。

（2）实训场地应设置好隔离栏，放置好警示牌。

（3）实训车辆应安全可靠固定，并安装好防护用品。

（4）操作过程应规范、标准，设备使用应严格遵守操作规程，注意人身和设备安全。

三、任务实施

交流发电机及其相关部件检查

班级：　　　　　　　　　　　姓名：　　　　　　　　　　　工位：

实训车辆信息

品牌		VIN	
型号		行驶里程	
外观检查			
内部检查			

操作过程

序号	操作内容	情况记录
1	认知交流发电机的安装位置	交流发电机在车辆上的安装位置：
2	识别交流发电机铭牌	交流发电机型号： 额定电压： 额定功率：
3	检查交流发电机外观	是否破损：
4	检查交流发电机输出端接线柱	是否连接可靠：
5	检查电压调节器插接器	是否连接可靠：
6	检查交流发电机传动带	传动带型号： 是否破损： 张紧度是否正常：
7	按照“8S”管理规定整理实训场地	

续表

任务总结
（对任务完成情况、技术要点、操作注意事项、存在问题等进行总结）

四、考核评价

考核评价表

班级：　　　　　　　　　　　姓名：　　　　　　　　　　　工位：

项目	内容	评价标准	配分	评价记录	得分
任务准备	实训场地	1. 实训场地明亮、卫生、整洁，并按规定配备灭火器 2. 实训车辆停放在规定位置	4		
	实训器材	实训器材配备齐全	2		
		工具车中工具齐全，无损坏	2		
		实训器材摆放规范、整齐	2		
	安全防护	实训人员规范穿戴防护用品	2		
		实训场地设置隔离栏，放置警示牌	2		
		实训车辆使用车轮挡块安全固定	2		
		规范检查车辆	2		
		规范安装车辆防护用品	2		

续表

项目	内容	评价标准	配分	评价记录	得分
任务实施	交流发电机及其相关部件检查	正确认知交流发电机的安装位置	10		
		正确识别交流发电机铭牌	12		
		正确检查交流发电机外观	12		
		正确检查交流发电机输出端接线柱	12		
		正确检查电压调节器插接器	12		
		正确检查交流发电机传动带	12		
职业素养	“8S”管理	遵循“8S”管理规定	10		
安全生产	1. 因违规操作导致工具、设备损坏，扣 10 分 2. 因违规操作导致触电、火灾、人身安全事故、设备重大损坏，记 0 分				
总评					

教师签名： 考核日期：

任务5　交流发电机构造和工作原理

一、任务目标

1. 能描述交流发电机的结构和工作原理。
2. 能描述电压调节器的作用、工作原理和类型。
3. 能规范进行交流发电机分解与组装。
4. 能规范进行交流发电机检测。

二、任务准备

1. 实训场地

实训场地应明亮、卫生、整洁，并按规定配备灭火器。

2. 实训器材

根据任务要求，准备好相关的实训器材，清点核对后将检查结果记录在下表中。

实训器材清单

序号	名称	说明	检查结果
1	工具车	配备常用工具	
2	零件车		
3	工作台		
4	维修手册	与实训车辆相匹配	
5	交流发电机		
6	万用表		
7	抹布		

3. 安全防护

（1）实训人员应穿工作服和防护鞋。

（2）实训场地应设置好隔离栏，放置好警示牌。

（3）操作过程应规范、标准，设备使用应严格遵守操作规程，注意人身和设备安全。

三、任务实施

交流发电机分解、检测与组装

班级：　　　　　　　　姓名：　　　　　　　　工位：

交流发电机信息

型号			
额定电压		额定功率	
外观检查			

操作过程

序号	操作内容	情况记录
1	分解交流发电机	分解顺序： 注意事项：
2	检测电刷长度	检测工具： 正常电刷长度： 实测电刷长度：
3	检测转子励磁绕组的电阻	检测工具： 正常电阻： 实测电阻：
4	检测三相定子绕组各组的电阻	检测工具： 正常电阻： 实测电阻 1： 实测电阻 2： 实测电阻 3：
5	检测正整流板的性能	检测工具： 正极管导通性能：

续表

序号	操作内容	情况记录
6	检测负整流板的性能	检测工具： 负极管导通性能：
7	检查后端盖轴承	磨损情况：
8	检查前端盖轴承	磨损情况：
9	组装交流发电机并检查、验证	（1）组装顺序： 注意事项： （2）交流发电机转动情况：
10	按照“8S”管理规定整理实训场地	

任务总结
（对任务完成情况、技术要点、操作注意事项、存在问题等进行总结）

四、考核评价

考核评价表

班级：　　　　　　　　　　　　姓名：　　　　　　　　　　　　工位：

项目	内容	评价标准	配分	评价记录	得分
任务准备	实训场地	实训场地明亮、卫生、整洁，并按规定配备灭火器	4		
	实训器材	实训器材配备齐全	2		
		工具车中工具齐全，无损坏	2		
		实训器材摆放规范、整齐	2		
	安全防护	实训人员规范穿戴防护用品	2		
		实训场地设置隔离栏，放置警示牌	2		
		交流发电机在工作台放置平稳、可靠	4		
		规范检查交流发电机外观	2		
任务实施	交流发电机分解、检测与组装	正确分解交流发电机	10		
		正确检测电刷	10		
		正确检测转子	10		
		正确检测定子	10		
		正确检测整流器	10		
		正确检查轴承	10		
		正确组装交流发电机并检查、验证	10		
职业素养	“8S”管理	遵循“8S”管理规定	10		
安全生产	1. 因违规操作导致工具、设备损坏，扣10分 2. 因违规操作导致触电、火灾、人身安全事故、设备重大损坏，记0分				
总评					

教师签名：　　　　　　　　　　　　考核日期：

任务 6　交流发电机维修

一、任务目标

1. 能描述交流发电机和电压调节器的使用注意事项。
2. 能描述电源系统的常见故障及其排除方法。
3. 能规范进行交流发电机更换。
4. 能对更换交流发电机后的车辆进行检查、验证。

二、任务准备

1. 实训场地

（1）实训场地应明亮、卫生、整洁，并按规定配备灭火器。

（2）实训车辆应停放在规定位置。

2. 实训器材

根据任务要求，准备好相关的实训器材，清点核对后将检查结果记录在下表中。

实训器材清单

序号	名称	说明	检查结果
1	工具车	配备常用工具	
2	零件车		
3	工作台		
4	维修手册	与实训车辆相匹配	
5	交流发电机		
6	数字式万用表		
7	手电筒		
8	抹布		

3. 安全防护

（1）实训人员应穿工作服和防护鞋。

（2）实训场地应设置好隔离栏，放置好警示牌。

（3）实训车辆应安全可靠固定，并安装好防护用品。

（4）操作过程应规范、标准，设备使用应严格遵守操作规程，注意人身和设备安全。

三、任务实施

交流发电机更换

班级： 姓名： 工位：

实训车辆信息			
品牌		VIN	
型号		行驶里程	
外观检查			
内部检查			

操作过程

序号	操作内容	情况记录
1	检查车辆状况	（1）蓄电池充电警报灯是否点亮： （2）有无故障码：
2	更换交流发电机前准备	点火开关状态：
3	断开蓄电池负极电缆	工具： 注意事项：
4	拆卸交流发电机	工具： 拆卸顺序： 注意事项：
5	检查新的交流发电机	新的交流发电机外观： 型号：
6	安装新的交流发电机	安装顺序： 注意事项：

续表

序号	操作内容	情况记录
7	检查、验证车辆	（1）交流发电机能否正常发电： （2）有无故障码：
8	按照“8S”管理规定整理实训场地	

任务总结
（对任务完成情况、技术要点、操作注意事项、存在问题等进行总结）

四、考核评价

考核评价表

班级：　　　　　　　　　　姓名：　　　　　　　　　　工位：

项目	内容	评价标准	配分	评价记录	得分
任务准备	实训场地	1. 实训场地明亮、卫生、整洁，并按规定配备灭火器 2. 实训车辆停放在规定位置	4		
	实训器材	实训器材配备齐全	2		
		工具车中工具齐全，无损坏	2		
		实训器材摆放规范、整齐	2		

续表

项目	内容	评价标准	配分	评价记录	得分
任务准备	安全防护	实训人员规范穿戴防护用品	2		
		实训场地设置隔离栏，放置警示牌	2		
		实训车辆使用车轮挡块安全固定	2		
		规范检查车辆	2		
		规范安装车辆防护用品	2		
任务实施	交流发电机更换	正确检查车辆状况	10		
		正确关闭点火开关	10		
		正确断开蓄电池负极电缆	10		
		正确拆卸交流发电机	10		
		正确检查新的交流发电机	10		
		正确安装新的交流发电机	10		
		正确检查、验证车辆	10		
职业素养	“8S”管理	遵循“8S”管理规定	10		
安全生产	1. 因违规操作导致工具、设备损坏，扣10分 2. 因违规操作导致触电、火灾、人身安全事故、设备重大损坏，记0分				
总评					

教师签名：　　　　　　　　　　　　　　　　考核日期：

项目三 汽车起动系统构造与维修

任务1 汽车起动系统认知

一、任务目标

1. 能描述起动系统的作用和类型。
2. 能认知汽车起动系统的主要组成部件及其安装位置。

二、任务准备

1. 实训场地

（1）实训场地应明亮、卫生、整洁，并按规定配备灭火器。

（2）实训车辆应停放在规定位置。

2. 实训器材

根据任务要求，准备好相关的实训器材，清点核对后将检查结果记录在下表中。

实训器材清单

序号	名称	说明	检查结果
1	工具车	配备常用工具	
2	零件车		
3	工作台		
4	维修手册	与实训车辆相匹配	
5	举升机		
6	手电筒		
7	抹布		

3. 安全防护

（1）实训人员应穿工作服和防护鞋，戴安全帽。

（2）实训场地应设置好隔离栏，放置好警示牌。

（3）实训车辆应安全可靠固定，并安装好防护用品。

（4）操作过程应规范、标准，设备使用应严格遵守操作规程，注意人身和设备安全。

三、任务实施

汽车起动系统认知

班级：　　　　　　　　　　姓名：　　　　　　　　　　工位：

实训车辆信息

品牌		VIN	
型号		行驶里程	
外观检查			
内部检查			

操作过程

序号	操作内容	情况记录
1	认知起动机及其安装位置	起动机在车辆上的安装位置：
2	识别起动机铭牌	起动机型号： 标称电压： 额定功率：
3	识别点火开关挡位	点火开关挡位：
4	认知蓄电池及其安装位置	蓄电池在车辆上的安装位置：
5	认知起动继电器及其安装位置	起动继电器在车辆上的安装位置：

续表

序号	操作内容	情况记录
6	认知起动熔丝及其安装位置	起动熔丝在车辆上的安装位置：
7	按照“8S”管理规定整理实训场地	

任务总结
（对任务完成情况、技术要点、操作注意事项、存在问题等进行总结）

四、考核评价

考核评价表

班级：　　　　　　　　姓名：　　　　　　　　工位：

项目	内容	评价标准	配分	评价记录	得分
任务准备	实训场地	1. 实训场地明亮、卫生、整洁，并按规定配备灭火器 2. 实训车辆停放在规定位置	4		
	实训器材	实训器材配备齐全	2		
		工具车中工具齐全，无损坏	2		
		实训器材摆放规范、整齐	2		

续表

项目	内容	评价标准	配分	评价记录	得分
任务准备	安全防护	实训人员规范穿戴防护用品	2		
		实训场地设置隔离栏，放置警示牌	2		
		实训车辆使用车轮挡块安全固定	2		
		规范检查车辆	2		
		规范安装车辆防护用品	2		
任务实施	汽车起动系统认知	正确认知起动机及其安装位置	10		
		正确识别起动机铭牌	15		
		正确识别点火开关挡位	15		
		正确认知蓄电池及其安装位置	10		
		正确认知起动继电器及其安装位置	10		
		正确认知起动熔丝及其安装位置	10		
职业素养	“8S”管理	遵循“8S”管理规定	10		
安全生产	1. 因违规操作导致工具、设备损坏，扣10分 2. 因违规操作导致触电、火灾、人身安全事故、设备重大损坏，记0分				
总评					

教师签名：　　　　　　　　　　　　考核日期：

任务 2　起动机构造和工作原理

一、任务目标

1. 能描述起动机的组成以及各组成部件的结构和工作原理。
2. 能描述起动机的类型。
3. 能规范进行起动机分解与组装。
4. 能规范进行起动机检测。

二、任务准备

1. 实训场地

实训场地应明亮、卫生、整洁，并按规定配备灭火器。

2. 实训器材

根据任务要求，准备好相关的实训器材，清点核对后将检查结果记录在下表中。

实训器材清单

序号	名称	说明	检查结果
1	工具车	配备常用工具	
2	零件车		
3	工作台		
4	维修手册	与实训车辆相匹配	
5	起动机		
6	万用表		
7	绝缘表		
8	润滑脂		
9	抹布		

3. 安全防护

（1）实训人员应穿工作服和防护鞋。

（2）实训场地应设置好隔离栏，放置好警示牌。

（3）操作过程应规范、标准，设备使用应严格遵守操作规程，注意人身和设备安全。

三、任务实施

起动机分解、检测与组装

班级：　　　　　　　　　　　姓名：　　　　　　　　　　　工位：

起动机信息			
型号			
标称电压		额定功率	
外观检查			

操作过程

序号	操作内容	情况记录
1	分解起动机	分解顺序： 注意事项：
2	检测电磁开关	（1）活动铁芯、接触盘、主接线柱的触点是否损坏： （2）两主接线柱是否导通： （3）吸引线圈的电阻 正常电阻： 实测电阻： （4）保持线圈的电阻 正常电阻： 实测电阻：
3	检测直流电动机	电枢的换向器与电枢铁芯之间的电阻 检测工具： 正常电阻： 实测电阻：
4	检查传动机构	电磁开关活动铁芯是否卡滞： 拨叉是否磨损： 单向离合器是否松旷：

续表

序号	操作内容	情况记录
5	组装起动机并检查、验证	（1）组装顺序： 注意事项： （2）起动机运转情况：
6	按照“8S”管理规定整理实训场地	
任务总结		
（对任务完成情况、技术要点、操作注意事项、存在问题等进行总结）		

四、考核评价

考核评价表

班级：　　　　　　　　　　姓名：　　　　　　　　　　工位：

项目	内容	评价标准	配分	评价记录	得分
任务准备	实训场地	实训场地明亮、卫生、整洁，并按规定配备灭火器	4		
	实训器材	实训器材配备齐全	2		
		工具车中工具齐全，无损坏	2		
		实训器材摆放规范、整齐	2		

续表

项目	内容	评价标准	配分	评价记录	得分
任务准备	安全防护	实训人员规范穿戴防护用品	2		
		实训场地设置隔离栏，放置警示牌	2		
		起动机在工作台放置平稳、可靠	4		
		规范检查起动机外观	2		
任务实施	起动机分解、检测与组装	正确分解起动机	20		
		正确检测电磁开关	10		
		正确检测直流电动机	10		
		正确检查传动机构	10		
		正确组装起动机并检查、验证	20		
职业素养	“8S”管理	遵循“8S”管理规定	10		
安全生产	1. 因违规操作导致工具、设备损坏，扣 10 分 2. 因违规操作导致触电、火灾、人身安全事故、设备重大损坏，记 0 分				
总评					

教师签名：　　　　　　　　　　考核日期：

任务 3　汽车起动系统维修

一、任务目标

1. 能描述起动系统的使用注意事项。
2. 能描述起动系统的常见故障及其排除方法。
3. 能规范进行起动机更换。
4. 能对更换起动机后的车辆进行检查、验证。

二、任务准备

1. 实训场地

（1）实训场地应明亮、卫生、整洁，并按规定配备灭火器。

（2）实训车辆应停放在规定位置。

2. 实训器材

根据任务要求，准备好相关的实训器材，清点核对后将检查结果记录在下表中。

实训器材清单

序号	名称	说明	检查结果
1	工具车	配备常用工具	
2	零件车		
3	工作台		
4	维修手册	与实训车辆相匹配	
5	起动机		
6	举升机		
7	手电筒		
8	抹布		

3. 安全防护

（1）实训人员应穿工作服和防护鞋，戴安全帽。

（2）实训场地应设置好隔离栏，放置好警示牌。

（3）实训车辆应安全可靠固定，并安装好防护用品。

（4）操作过程应规范、标准，设备使用应严格遵守操作规程，注意人身和设备安全。

三、任务实施

起动机更换

班级：　　　　　　　　　　　　姓名：　　　　　　　　　　　　工位：

<table>
<tr><td colspan="4">实训车辆信息</td></tr>
<tr><td>品牌</td><td></td><td>VIN</td><td></td></tr>
<tr><td>型号</td><td></td><td>行驶里程</td><td></td></tr>
<tr><td>外观检查</td><td colspan="3"></td></tr>
<tr><td>内部检查</td><td colspan="3"></td></tr>
</table>

操作过程

序号	操作内容	情况记录
1	检查车辆状况	（1）有无警报指示灯点亮： （2）有无故障码：
2	更换起动机前准备	点火开关状态：
3	断开蓄电池负极电缆	工具：
4	拆卸起动机	工具： 拆卸顺序： 注意事项：
5	检查新的起动机	新的起动机外观： 型号：
6	安装新的起动机	安装顺序： 注意事项：

续表

序号	操作内容	情况记录
7	检查、验证车辆	（1）车辆能否起动： （2）有无故障码：
8	按照“8S”管理规定整理实训场地	
任务总结		
（对任务完成情况、技术要点、操作注意事项、存在问题等进行总结）		

四、考核评价

考核评价表

班级：　　　　　　　　　　姓名：　　　　　　　　　　工位：

项目	内容	评价标准	配分	评价记录	得分
任务准备	实训场地	1. 实训场地明亮、卫生、整洁，并按规定配备灭火器 2. 实训车辆停放在规定位置	4		
	实训器材	实训器材配备齐全	2		
		工具车中工具齐全，无损坏	2		
		实训器材摆放规范、整齐	2		

续表

项目	内容	评价标准	配分	评价记录	得分
任务准备	安全防护	实训人员规范穿戴防护用品	2		
		实训场地设置隔离栏，放置警示牌	2		
		实训车辆使用车轮挡块安全固定	2		
		规范检查车辆	2		
		规范安装车辆防护用品	2		
任务实施	起动机更换	正确检查车辆状况	10		
		正确关闭点火开关	10		
		正确断开蓄电池负极电缆	10		
		正确拆卸起动机	10		
		正确检查新的起动机	10		
		正确安装新的起动机	10		
		正确检查、验证车辆	10		
职业素养	“8S”管理	遵循“8S”管理规定	10		
安全生产	1. 因违规操作导致工具、设备损坏，扣10分 2. 因违规操作导致触电、火灾、人身安全事故、设备重大损坏，记0分				
总评					

教师签名： 考核日期：

项目四 汽车照明与信号系统构造与维修

任务1 汽车照明与信号系统认知

一、任务目标

1. 能描述汽车灯具的种类。
2. 能认知汽车照明与信号系统的组成和功能。

二、任务准备

1. 实训场地

（1）实训场地应明亮、卫生、整洁，并按规定配备灭火器。

（2）实训车辆应停放在规定位置。

2. 实训器材

根据任务要求，准备好相关的实训器材，清点核对后将检查结果记录在下表中。

实训器材清单

序号	名称	说明	检查结果
1	工具车	配备常用工具	
2	零件车		
3	工作台		
4	维修手册	与实训车辆相匹配	
5	抹布		

3. 安全防护

（1）实训人员应穿工作服和防护鞋。

（2）实训场地应设置好隔离栏，放置好警示牌。

（3）实训车辆应安全可靠固定，并安装好防护用品。

（4）操作过程应规范、标准，设备使用应严格遵守操作规程，注意人身和设备安全。

三、任务实施

汽车照明与信号系统认知

班级：　　　　　　　　　　姓名：　　　　　　　　　　工位：

实训车辆信息			
品牌		VIN	
型号		行驶里程	
外观检查			
内部检查			

操作过程

序号	操作内容	情况记录
1	打开前照灯并检查	（1）近光灯 操作开关： 检查结果： （2）远光灯 操作开关： 检查结果：
2	打开仪表灯并检查	操作开关： 检查结果：
3	打开顶灯并检查	操作开关： 检查结果：

续表

序号	操作内容	情况记录
4	打开阅读灯并检查	操作开关： 检查结果：
5	打开前位灯、后位灯并检查	操作开关： 检查结果：
6	打开转向灯并检查	操作开关： 检查结果：
7	打开倒车灯并检查	操作开关： 检查结果：
8	按照“8S”管理规定整理实训场地	

任务总结

（对任务完成情况、技术要点、操作注意事项、存在问题等进行总结）

四、考核评价

考核评价表

班级： 姓名： 工位：

项目	内容	评价标准	配分	评价记录	得分
任务准备	实训场地	1. 实训场地明亮、卫生、整洁，并按规定配备灭火器 2. 实训车辆停放在规定位置	4		
	实训器材	实训器材配备齐全	2		
		工具车中工具齐全，无损坏	2		
		实训器材摆放规范、整齐	2		
	安全防护	实训人员规范穿戴防护用品	2		
		实训场地设置隔离栏，放置警示牌	2		
		实训车辆使用车轮挡块安全固定	2		
		规范检查车辆	2		
		规范安装车辆防护用品	2		
任务实施	汽车照明与信号系统认知	正确打开前照灯并检查	10		
		正确打开仪表灯并检查	10		
		正确打开顶灯并检查	10		
		正确打开阅读灯并检查	10		
		正确打开前位灯、后位灯并检查	10		
		正确打开转向灯并检查	10		
		正确打开倒车灯并检查	10		
职业素养	“8S”管理	遵循“8S”管理规定	10		
安全生产	1. 因违规操作导致工具、设备损坏，扣 10 分 2. 因违规操作导致触电、火灾、人身安全事故、设备重大损坏，记 0 分				
总评					

教师签名： 考核日期：

任务 2　汽车照明系统构造与维修

一、任务目标

1. 能描述前照灯的基本要求、结构、类型和防眩目措施。
2. 能描述汽车照明系统的常见故障及其排除方法。
3. 能使用维修手册分析前照灯不亮的故障原因。
4. 能规范进行前照灯不亮故障检修。

二、任务准备

1. 实训场地

（1）实训场地应明亮、卫生、整洁，并按规定配备灭火器。

（2）实训车辆应停放在规定位置。

2. 实训器材

根据任务要求，准备好相关的实训器材，清点核对后将检查结果记录在下表中。

实训器材清单

序号	名称	说明	检查结果
1	工具车	配备常用工具	
2	零件车		
3	工作台		
4	维修手册	与实训车辆相匹配	
5	前照灯灯泡		
6	万用表		
7	抹布		

3. 安全防护

（1）实训人员应穿工作服和防护鞋。

（2）实训场地应设置好隔离栏，放置好警示牌。

（3）实训车辆应安全可靠固定，并安装好防护用品。

（4）操作过程应规范、标准，设备使用应严格遵守操作规程，注意人身和设备安全。

三、任务实施

前照灯不亮故障检修

班级：　　　　　　　　　　姓名：　　　　　　　　　　工位：

实训车辆信息

品牌		VIN	
型号		行驶里程	
外观检查			
内部检查			

操作过程

序号	操作内容	情况记录
1	检查前照灯功能	检查结果：
2	检测蓄电池输出电压	正常电压： 实测电压：
3	检测前照灯灯泡端子与蓄电池负极之间的电压	正常电压： 实测电压：
4	检测前照灯灯泡灯丝电阻	灯泡型号： 正常电阻： 实测电阻： 注意事项：
5	检测新灯泡	正常电阻： 实测电阻：
6	安装新灯泡	安装顺序： 注意事项：

续表

序号	操作内容	情况记录
7	检查、验证前照灯功能	前照灯是否正常发光：
8	按照“8S”管理规定整理实训场地	

任务总结
（对任务完成情况、技术要点、操作注意事项、存在问题等进行总结）

四、考核评价

考核评价表

班级：　　　　　　　　　　姓名：　　　　　　　　　　工位：

项目	内容	评价标准	配分	评价记录	得分
任务准备	实训场地	1. 实训场地明亮、卫生、整洁，并按规定配备灭火器 2. 实训车辆停放在规定位置	4		
	实训器材	实训器材配备齐全	2		
		工具车中工具齐全，无损坏	2		
		实训器材摆放规范、整齐	2		

续表

项目	内容	评价标准	配分	评价记录	得分
任务准备	安全防护	实训人员规范穿戴防护用品	2		
		实训场地设置隔离栏，放置警示牌	2		
		实训车辆使用车轮挡块安全固定	2		
		规范检查车辆	2		
		规范安装车辆防护用品	2		
任务实施	前照灯不亮故障检修	正确检查前照灯功能	10		
		正确检测蓄电池输出电压	10		
		正确检测前照灯灯泡端子与蓄电池负极之间的电压	10		
		正确检测前照灯灯泡灯丝电阻	10		
		正确检测新灯泡	10		
		正确安装新灯泡	10		
		正确检查、验证前照灯功能	10		
职业素养	“8S”管理	遵循“8S”管理规定	10		
安全生产	1. 因违规操作导致工具、设备损坏，扣10分 2. 因违规操作导致触电、火灾、人身安全事故、设备重大损坏，记0分				
总评					

教师签名：　　　　　　　　　　　　　考核日期：

任务3　汽车信号系统构造与维修

一、任务目标

1. 能描述汽车转向、制动、倒车信号装置的结构和工作原理。
2. 能描述汽车信号系统的常见故障及其故障原因。
3. 能使用维修手册分析汽车喇叭不响的故障原因。
4. 能规范进行汽车喇叭不响故障检修。

二、任务准备

1. 实训场地

（1）实训场地应明亮、卫生、整洁，并按规定配备灭火器。

（2）实训车辆应停放在规定位置。

2. 实训器材

根据任务要求，准备好相关的实训器材，清点核对后将检查结果记录在下表中。

实训器材清单

序号	名称	说明	检查结果
1	工具车	配备常用工具	
2	零件车		
3	工作台		
4	维修手册	与实训车辆相匹配	
5	汽车喇叭		
6	万用表		
7	抹布		

3. 安全防护

（1）实训人员应穿工作服和防护鞋。

（2）实训场地应设置好隔离栏，放置好警示牌。

（3）实训车辆应安全可靠固定，并安装好防护用品。

（4）操作过程应规范、标准，设备使用应严格遵守操作规程，注意人身和设备安全。

三、任务实施

汽车喇叭不响故障检修

班级：　　　　　　　　　　姓名：　　　　　　　　　　工位：

实训车辆信息

品牌		VIN	
型号		行驶里程	
外观检查			
内部检查			

操作过程

序号	操作内容	情况记录
1	检查汽车喇叭功能	检查结果：
2	检测蓄电池输出电压	正常电压： 实测电压：
3	检测喇叭熔丝对地电压	正常电压： 实测电压：
4	拆卸喇叭，检测喇叭的电阻	（1）拆卸顺序： 注意事项： （2）喇叭端输入电压 正常电压： 实测电压： （3）喇叭的电阻 正常电阻： 实测电阻：

续表

序号	操作内容	情况记录
5	检测新喇叭	正常电阻： 实测电阻：
6	安装新喇叭	安装顺序： 注意事项：
7	检查、验证汽车喇叭功能	汽车喇叭是否正常发出声音：
8	按照“8S”管理规定整理实训场地	

任务总结
（对任务完成情况、技术要点、操作注意事项、存在问题等进行总结）

四、考核评价

考核评价表

班级：　　　　　　　　　　　　姓名：　　　　　　　　　　　工位：

项目	内容	评价标准	配分	评价记录	得分
任务准备	实训场地	1. 实训场地明亮、卫生、整洁，并按规定配备灭火器 2. 实训车辆停放在规定位置	4		
	实训器材	实训器材配备齐全	2		
		工具车中工具齐全，无损坏	2		
		实训器材摆放规范、整齐	2		
	安全防护	实训人员规范穿戴防护用品	2		
		实训场地设置隔离栏，放置警示牌	2		
		实训车辆使用车轮挡块安全固定	2		
		规范检查车辆	2		
		规范安装车辆防护用品	2		
任务实施	汽车喇叭不响故障检修	正确检查汽车喇叭功能	10		
		正确检测蓄电池输出电压	10		
		正确检测喇叭熔丝对地电压	10		
		正确拆卸喇叭，检测喇叭的电阻	10		
		正确检测新喇叭	10		
		正确安装新喇叭	10		
		正确检查、验证汽车喇叭功能	10		
职业素养	“8S”管理	遵循“8S”管理规定	10		
安全生产	1. 因违规操作导致工具、设备损坏，扣10分 2. 因违规操作导致触电、火灾、人身安全事故、设备重大损坏，记0分				
总评					

教师签名：　　　　　　　　　　　　　　　考核日期：

项目五

—— 汽车仪表与警报系统构造与维修

任务 1　汽车仪表构造和工作原理

一、任务目标

1. 能描述汽车仪表的基本组成、作用、结构和工作原理。
2. 能认知汽车仪表的位置和功能。

二、任务准备

1. 实训场地

（1）实训场地应明亮、卫生、整洁，并按规定配备灭火器。

（2）实训车辆应停放在规定位置。

2. 实训器材

根据任务要求，准备好相关的实训器材，清点核对后将检查结果记录在下表中。

实训器材清单

序号	名称	说明	检查结果
1	工具车	配备常用工具	
2	零件车		
3	工作台		
4	维修手册	与实训车辆相匹配	
5	抹布		

3. 安全防护

（1）实训人员应穿工作服和防护鞋。

（2）实训场地应设置好隔离栏，放置好警示牌。

（3）实训车辆应安全可靠固定，并安装好防护用品。

（4）操作过程应规范、标准，设备使用应严格遵守操作规程，注意人身和设备安全。

三、任务实施

汽车仪表认知

班级：　　　　　　　　　　　　姓名：　　　　　　　　　　　　工位：

实训车辆信息

品牌		VIN	
型号		行驶里程	
外观检查			
内部检查			

操作过程

序号	操作内容	情况记录
1	认知汽车仪表板的位置	汽车仪表板在车辆上的位置：
2	认知转速表	当前发动机工作转速：
3	认知车速表	当前车辆行驶速度：
4	认知燃油油量表	当前油箱内油量：
5	认知里程表	当前车辆行驶累计里程：
6	认知发动机冷却液温度表	当前发动机冷却液温度：

续表

序号	操作内容	情况记录
7	切换仪表板显示屏的显示信息	原显示信息： 切换后的显示信息：
8	按照“8S”管理规定整理实训场地	

任务总结
（对任务完成情况、技术要点、操作注意事项、存在问题等进行总结）

四、考核评价

考核评价表

班级：　　　　　　　　　　姓名：　　　　　　　　　　工位：

项目	内容	评价标准	配分	评价记录	得分
任务准备	实训场地	1. 实训场地明亮、卫生、整洁，并按规定配备灭火器 2. 实训车辆停放在规定位置	4		
	实训器材	实训器材配备齐全	2		
		工具车中工具齐全，无损坏	2		
		实训器材摆放规范、整齐	2		

续表

项目	内容	评价标准	配分	评价记录	得分
任务准备	安全防护	实训人员规范穿戴防护用品	2		
		实训场地设置隔离栏，放置警示牌	2		
		实训车辆使用车轮挡块安全固定	2		
		规范检查车辆	2		
		规范安装车辆防护用品	2		
任务实施	汽车仪表认知	正确认知汽车仪表板的位置	10		
		正确认知转速表	10		
		正确认知车速表	10		
		正确认知燃油油量表	10		
		正确认知里程表	10		
		正确认知发动机冷却液温度表	10		
		正确切换仪表板显示屏的显示信息	10		
职业素养	“8S”管理	遵循“8S”管理规定	10		
安全生产	1. 因违规操作导致工具、设备损坏，扣 10 分 2. 因违规操作导致触电、火灾、人身安全事故、设备重大损坏，记 0 分				
总评					

教师签名：　　　　　　　　　　　　　　　　考核日期：

任务 2　汽车警报系统构造和工作原理

一、任务目标

1. 能描述汽车警报指示灯的分类和作用。
2. 能描述汽车警报装置的结构和工作原理。
3. 能认知汽车警报指示灯的标志和功能。

二、任务准备

1. 实训场地

（1）实训场地应明亮、卫生、整洁，并按规定配备灭火器。

（2）实训车辆应停放在规定位置。

2. 实训器材

根据任务要求，准备好相关的实训器材，清点核对后将检查结果记录在下表中。

实训器材清单

序号	名称	说明	检查结果
1	工具车	配备常用工具	
2	零件车		
3	工作台		
4	维修手册	与实训车辆相匹配	
5	抹布		

3. 安全防护

（1）实训人员应穿工作服和防护鞋。

（2）实训场地应设置好隔离栏，放置好警示牌。

（3）实训车辆应安全可靠固定，并安装好防护用品。

（4）操作过程应规范、标准，设备使用应严格遵守操作规程，注意人身和设备安全。

三、任务实施

汽车警报指示灯认知

班级：　　　　　　　　　　姓名：　　　　　　　　　　工位：

实训车辆信息

品牌		VIN	
型号		行驶里程	
外观检查			
内部检查			

操作过程

序号	操作内容	情况记录
1	认知汽车警报指示灯的位置	汽车警报指示灯在车辆上的位置：
2	认知绿色标志警报指示灯	绿色标志警报指示灯包括：
3	认知蓝色标志警报指示灯	蓝色标志警报指示灯包括：
4	认知黄色标志警报指示灯	黄色标志警报指示灯包括：
5	认知琥珀色标志警报指示灯	琥珀色标志警报指示灯包括：

续表

序号	操作内容	情况记录
6	认知红色标志警报指示灯	红色标志警报指示灯包括：
7	按照“8S”管理规定整理实训场地	

任务总结
（对任务完成情况、技术要点、操作注意事项、存在问题等进行总结）

四、考核评价

考核评价表

班级：　　　　　　　　　　　姓名：　　　　　　　　　　　工位：

项目	内容	评价标准	配分	评价记录	得分
任务准备	实训场地	1. 实训场地明亮、卫生、整洁，并按规定配备灭火器 2. 实训车辆停放在规定位置	4		
	实训器材	实训器材配备齐全	2		
		工具车中工具齐全，无损坏	2		
		实训器材摆放规范、整齐	2		

续表

项目	内容	评价标准	配分	评价记录	得分
任务准备	安全防护	实训人员规范穿戴防护用品	2		
		实训场地设置隔离栏，放置警示牌	2		
		实训车辆使用车轮挡块安全固定	2		
		规范检查车辆	2		
		规范安装车辆防护用品	2		
任务实施	汽车警报指示灯认知	正确认知汽车警报指示灯的位置	10		
		正确认知绿色标志警报指示灯	12		
		正确认知蓝色标志警报指示灯	12		
		正确认知黄色标志警报指示灯	12		
		正确认知琥珀色标志警报指示灯	12		
		正确认知红色标志警报指示灯	12		
职业素养	“8S”管理	遵循“8S”管理规定	10		
安全生产	1. 因违规操作导致工具、设备损坏，扣10分 2. 因违规操作导致触电、火灾、人身安全事故、设备重大损坏，记0分				
总评					

教师签名： 考核日期：

任务3　汽车仪表与警报系统维修

一、任务目标

1. 能描述汽车仪表与警报系统的常见故障及其排除方法。
2. 能规范进行汽车仪表板总成更换。
3. 能对更换汽车仪表板总成后的车辆进行检查、验证。

二、任务准备

1. 实训场地

（1）实训场地应明亮、卫生、整洁，并按规定配备灭火器。

（2）实训车辆应停放在规定位置。

2. 实训器材

根据任务要求，准备好相关的实训器材，清点核对后将检查结果记录在下表中。

实训器材清单

序号	名称	说明	检查结果
1	工具车	配备常用工具	
2	零件车		
3	工作台		
4	维修手册	与实训车辆相匹配	
5	汽车仪表板总成		
6	手电筒		
7	内饰板拆装工具		
8	内饰板卡扣		
9	抹布		

3. 安全防护

（1）实训人员应穿工作服和防护鞋。

（2）实训场地应设置好隔离栏，放置好警示牌。

（3）实训车辆应安全可靠固定，并安装好防护用品。

（4）操作过程应规范、标准，设备使用应严格遵守操作规程，注意人身和设备安全。

三、任务实施

汽车仪表板总成更换

班级：　　　　　　　　　　　姓名：　　　　　　　　　　　工位：

实训车辆信息

品牌		VIN	
型号		行驶里程	
外观检查			
内部检查			

操作过程

序号	操作内容	情况记录
1	检查车辆状况	（1）有无警报指示灯点亮： （2）有无故障码：
2	更换仪表板总成前准备	点火开关状态：
3	断开蓄电池负极电缆	工具： 注意事项：
4	拆卸仪表板总成	（1）工具： 拆卸顺序： 注意事项： （2）内饰板是否损坏： （3）线束是否损坏：

续表

序号	操作内容	情况记录
5	检查新的仪表板总成	新的仪表板总成外观： 型号：
6	安装新的仪表板总成	安装顺序： 注意事项：
7	检查、验证车辆	（1）仪表板能否正常工作： （2）有无故障码：
8	按照“8S”管理规定整理实训场地	

任务总结

（对任务完成情况、技术要点、操作注意事项、存在问题等进行总结）

四、考核评价

考核评价表

班级：　　　　　　　　　　　　姓名：　　　　　　　　　　工位：

项目	内容	评价标准	配分	评价记录	得分
任务准备	实训场地	1. 实训场地明亮、卫生、整洁，并按规定配备灭火器 2. 实训车辆停放在规定位置	4		
	实训器材	实训器材配备齐全	2		
		工具车中工具齐全，无损坏	2		
		实训器材摆放规范、整齐	2		
	安全防护	实训人员规范穿戴防护用品	2		
		实训场地设置隔离栏，放置警示牌	2		
		实训车辆使用车轮挡块安全固定	2		
		规范检查车辆	2		
		规范安装车辆防护用品	2		
任务实施	汽车仪表板总成更换	正确检查车辆状况	10		
		正确关闭点火开关	10		
		正确断开蓄电池负极电缆	10		
		正确拆卸仪表板总成	10		
		正确检查新的仪表板总成	10		
		正确安装新的仪表板总成	10		
		正确检查、验证车辆	10		
职业素养	“8S”管理	遵循“8S”管理规定	10		
安全生产	1. 因违规操作导致工具、设备损坏，扣10分 2. 因违规操作导致触电、火灾、人身安全事故、设备重大损坏，记0分				
总评					

教师签名：　　　　　　　　　　　　　　　考核日期：

项目六

——— 汽车辅助电气设备构造与维修

任务 1　电动刮水器和风窗玻璃洗涤器构造与维修

一、任务目标

1. 能描述电动刮水器和风窗玻璃洗涤器的作用、组成和工作原理。
2. 能描述电动刮水器和风窗玻璃洗涤器的常见故障及其排除方法。
3. 能规范进行电动刮水器拆装与检查。
4. 能规范进行电动刮水器功能检查、验证。

二、任务准备

1. 实训场地

（1）实训场地应明亮、卫生、整洁，并按规定配备灭火器。

（2）实训车辆应停放在规定位置。

2. 实训器材

根据任务要求，准备好相关的实训器材，清点核对后将检查结果记录在下表中。

实训器材清单

序号	名称	说明	检查结果
1	工具车	配备常用工具	
2	零件车		
3	工作台		
4	维修手册	与实训车辆相匹配	

续表

序号	名称	说明	检查结果
5	内饰板拆装工具		
6	电动刮水器配件		
7	抹布		

3. 安全防护

（1）实训人员应穿工作服和防护鞋。

（2）实训场地应设置好隔离栏，放置好警示牌。

（3）实训车辆应安全可靠固定，并安装好防护用品。

（4）操作过程应规范、标准，设备使用应严格遵守操作规程，注意人身和设备安全。

三、任务实施

电动刮水器拆装与检查

班级：　　　　　　姓名：　　　　　　工位：

实训车辆信息

品牌		VIN	
型号		行驶里程	
外观检查			
内部检查			

操作过程

序号	操作内容	情况记录
1	检查电动刮水器功能	检查结果：
2	拆卸前准备	点火开关状态：

续表

序号	操作内容	情况记录
3	拆卸刮水片	注意事项：
4	拆卸刮水臂	工具： 注意事项：
5	拆卸前风窗流水槽盖板	工具： 注意事项：
6	拆卸刮水电动机总成和传动机构	工具： 注意事项：
7	检查电动刮水器各组成部件	刮水电动机总成是否锈蚀： 插接器是否烧蚀： 连杆球头是否磨损、松旷： 刮水臂是否变形： 回位弹簧是否锈蚀、松动： 刮水片是否磨损、老化、开裂：
8	装复电动刮水器	安装顺序： 注意事项：
9	检查、验证电动刮水器功能	（1）电动刮水器安装是否到位： （2）功能是否正常： （3）刮水是否干净：

续表

序号	操作内容	情况记录
10	按照“8S”管理规定整理实训场地	
任务总结		
（对任务完成情况、技术要点、操作注意事项、存在问题等进行总结）		

四、考核评价

考核评价表

班级：　　　　　　　　　　　　姓名：　　　　　　　　　　　　工位：

项目	内容	评价标准	配分	评价记录	得分
任务准备	实训场地	1. 实训场地明亮、卫生、整洁，并按规定配备灭火器 2. 实训车辆停放在规定位置	4		
	实训器材	实训器材配备齐全	2		
		工具车中工具齐全，无损坏	2		
		实训器材摆放规范、整齐	2		
	安全防护	实训人员规范穿戴防护用品	2		
		实训场地设置隔离栏，放置警示牌	2		
		实训车辆使用车轮挡块安全固定	2		
		规范检查车辆	2		
		规范安装车辆防护用品	2		

续表

项目	内容	评价标准	配分	评价记录	得分
任务实施	电动刮水器拆装与检查	正确检查电动刮水器功能	10		
		正确拆卸刮水片	10		
		正确拆卸刮水臂	10		
		正确拆卸前风窗流水槽盖板	10		
		正确拆卸刮水电动机总成和传动机构	10		
		正确装复电动刮水器	10		
		正确检查、验证电动刮水器功能	10		
职业素养	“8S”管理	遵循“8S”管理规定	10		
安全生产	1. 因违规操作导致工具、设备损坏，扣10分 2. 因违规操作导致触电、火灾、人身安全事故、设备重大损坏，记0分				
总评					

教师签名：　　　　　　　　　　考核日期：

任务 2　电动座椅构造与维修

一、任务目标

1. 能描述汽车电动座椅的分类。
2. 能描述电动座椅的组成和工作原理。
3. 能描述电动座椅的常见故障及其排除方法。
4. 能认知电动座椅调节开关的位置和功能。

二、任务准备

1. 实训场地

（1）实训场地应明亮、卫生、整洁，并按规定配备灭火器。

（2）实训车辆应停放在规定位置。

2. 实训器材

根据任务要求，准备好相关的实训器材，清点核对后将检查结果记录在下表中。

实训器材清单

序号	名称	说明	检查结果
1	工具车	配备常用工具	
2	零件车		
3	工作台		
4	维修手册	与实训车辆相匹配	
5	抹布		

3. 安全防护

（1）实训人员应穿工作服和防护鞋。

（2）实训场地应设置好隔离栏，放置好警示牌。

（3）实训车辆应安全可靠固定，并安装好防护用品。

（4）操作过程应规范、标准，设备使用应严格遵守操作规程，注意人身和设备安全。

三、任务实施

电动座椅认知

班级：　　　　　　　　　　　　姓名：　　　　　　　　　　　　工位：

实训车辆信息

品牌		VIN	
型号		行驶里程	
外观检查			
内部检查			

操作过程

序号	操作内容	情况记录
1	认知电动座椅调节开关的位置	电动座椅调节开关在车辆上的位置：
2	操作前后移动调节开关并检查	能否有效调节电动座椅前后位置：
3	操作前部高度调节开关并检查	能否有效调节电动座椅前部高度：
4	操作后部高度调节开关并检查	能否有效调节电动座椅后部高度：
5	操作靠背倾斜角度调节开关并检查	能否有效调节电动座椅靠背倾斜角度：
6	操作腰部支撑调节开关并检查	能否有效调节电动座椅腰部支撑力：
7	按照“8S”管理规定整理实训场地	

续表

任务总结
（对任务完成情况、技术要点、操作注意事项、存在问题等进行总结）

四、考核评价

考核评价表

班级：　　　　　　　　　　姓名：　　　　　　　　　　工位：

项目	内容	评价标准	配分	评价记录	得分
任务准备	实训场地	1. 实训场地明亮、卫生、整洁，并按规定配备灭火器 2. 实训车辆停放在规定位置	4		
	实训器材	实训器材配备齐全	2		
		工具车中工具齐全，无损坏	2		
		实训器材摆放规范、整齐	2		
	安全防护	实训人员规范穿戴防护用品	2		
		实训场地设置隔离栏，放置警示牌	2		
		实训车辆使用车轮挡块安全固定	2		
		规范检查车辆	2		
		规范安装车辆防护用品	2		

续表

<table>
<tr><th>项目</th><th>内容</th><th>评价标准</th><th>配分</th><th>评价记录</th><th>得分</th></tr>
<tr><td rowspan="6">任务实施</td><td rowspan="6">电动座椅认知</td><td>正确认知电动座椅调节开关的位置</td><td>10</td><td></td><td></td></tr>
<tr><td>正确操作前后移动调节开关并检查</td><td>12</td><td></td><td></td></tr>
<tr><td>正确操作前部高度调节开关并检查</td><td>12</td><td></td><td></td></tr>
<tr><td>正确操作后部高度调节开关并检查</td><td>12</td><td></td><td></td></tr>
<tr><td>正确操作靠背倾斜角度调节开关并检查</td><td>12</td><td></td><td></td></tr>
<tr><td>正确操作腰部支撑调节开关并检查</td><td>12</td><td></td><td></td></tr>
<tr><td>职业素养</td><td>“8S”管理</td><td>遵循“8S”管理规定</td><td>10</td><td></td><td></td></tr>
<tr><td>安全生产</td><td colspan="3">1. 因违规操作导致工具、设备损坏，扣 10 分
2. 因违规操作导致触电、火灾、人身安全事故、设备重大损坏，记 0 分</td><td></td><td></td></tr>
<tr><td colspan="4">总评</td><td></td><td></td></tr>
</table>

教师签名：　　　　　　　　　　考核日期：

任务 3　电动车窗构造与维修

一、任务目标

1. 能描述电动车窗的组成和工作原理。
2. 能描述电动车窗的常见故障及其排除方法。
3. 能规范进行电动车窗拆装与检查。
4. 能规范进行电动车窗功能检查、验证。

二、任务准备

1. 实训场地

（1）实训场地应明亮、卫生、整洁，并按规定配备灭火器。

（2）实训车辆应停放在规定位置。

2. 实训器材

根据任务要求，准备好相关的实训器材，清点核对后将检查结果记录在下表中。

实训器材清单

序号	名称	说明	检查结果
1	工具车	配备常用工具	
2	零件车		
3	工作台		
4	维修手册	与实训车辆相匹配	
5	手电筒		
6	内饰板拆装工具		
7	内饰板卡扣		
8	抹布		

3. 安全防护

（1）实训人员应穿工作服和防护鞋。

（2）实训场地应设置好隔离栏，放置好警示牌。

（3）实训车辆应安全可靠固定，并安装好防护用品。

（4）操作过程应规范、标准，设备使用应严格遵守操作规程，注意人身和设备安全。

三、任务实施

电动车窗拆装与检查

班级：　　　　　　　　　　　　　姓名：　　　　　　　　　　　　　工位：

实训车辆信息

品牌		VIN	
型号		行驶里程	
外观检查			
内部检查			

操作过程

序号	操作内容	情况记录
1	检查电动车窗功能	检查结果：
2	拆卸前准备	点火开关状态：
3	拆卸车门内饰板	工具： 注意事项：
4	断开电动车窗相关线束	车窗控制总开关线束是否损坏： 车门把手拉索是否损坏： 车门迎宾灯线束插接器是否损坏： 车门电子控制单元线束插接器是否损坏： 注意事项：

续表

序号	操作内容	情况记录
5	拆卸车门玻璃	玻璃是否在准确位置： 卡扣是否损坏： 玻璃是否损坏： 注意事项：
6	拆卸玻璃升降器	拆卸顺序： 注意事项：
7	检查电动车窗各组成部件	（1）车门电子控制单元外观是否破损、插接器是否破损、接线端子是否锈蚀： （2）玻璃升降器绳轮装置是否破损、老化、开裂： （3）车门玻璃立柱导轨是否变形、卡扣是否破损：
8	装复电动车窗	安装顺序： 注意事项：
9	检查、验证电动车窗功能	（1）电动车窗安装是否到位： （2）功能是否正常：
10	按照“8S”管理规定整理实训场地	

续表

任务总结
（对任务完成情况、技术要点、操作注意事项、存在问题等进行总结）

四、考核评价

考核评价表

班级：　　　　　　　　　　　　姓名：　　　　　　　　　　　　工位：

项目	内容	评价标准	配分	评价记录	得分
任务准备	实训场地	1. 实训场地明亮、卫生、整洁，并按规定配备灭火器 2. 实训车辆停放在规定位置	4		
	实训器材	实训器材配备齐全	2		
		工具车中工具齐全，无损坏	2		
		实训器材摆放规范、整齐	2		
	安全防护	实训人员规范穿戴防护用品	2		
		实训场地设置隔离栏，放置警示牌	2		
		实训车辆使用车轮挡块安全固定	2		
		规范检查车辆	2		
		规范安装车辆防护用品	2		

续表

项目	内容	评价标准	配分	评价记录	得分
任务实施	电动车窗拆装与检查	正确检查电动车窗功能	10		
		正确拆卸车门内饰板	10		
		正确断开电动车窗相关线束	10		
		正确拆卸车门玻璃	10		
		正确拆卸玻璃升降器	10		
		正确装复电动车窗	10		
		正确检查、验证电动车窗功能	10		
职业素养	“8S”管理	遵循“8S”管理规定	10		
安全生产	1. 因违规操作导致工具、设备损坏，扣 10 分 2. 因违规操作导致触电、火灾、人身安全事故、设备重大损坏，记 0 分				
总评					

教师签名：　　　　　　　　　　　　　考核日期：

任务4 汽车音响系统构造与维修

一、任务目标

1. 能描述汽车音响系统的组成和工作原理。
2. 能描述汽车音响系统的常见故障及其排除方法。
3. 能规范进行汽车音响系统拆装与检查。
4. 能规范进行汽车音响系统功能检查、验证。

二、任务准备

1. 实训场地

（1）实训场地应明亮、卫生、整洁，并按规定配备灭火器。

（2）实训车辆应停放在规定位置。

2. 实训器材

根据任务要求，准备好相关的实训器材，清点核对后将检查结果记录在下表中。

实训器材清单

序号	名称	说明	检查结果
1	工具车	配备常用工具	
2	零件车		
3	工作台		
4	维修手册	与实训车辆相匹配	
5	手电钻		
6	铆钉枪		
7	内饰板拆装工具		
8	扬声器		
9	抹布		

3. 安全防护

（1）实训人员应穿工作服和防护鞋。

（2）实训场地应设置好隔离栏，放置好警示牌。

（3）实训车辆应安全可靠固定，并安装好防护用品。

（4）操作过程应规范、标准，设备使用应严格遵守操作规程，注意人身和设备安全。

三、任务实施

汽车音响系统拆装与检查

班级：　　　　　　　　　　　　姓名：　　　　　　　　　　　　工位：

实训车辆信息

品牌		VIN	
型号		行驶里程	
外观检查			
内部检查			

操作过程

序号	操作内容	情况记录
1	检查汽车音响系统功能	检查结果：
2	拆卸前准备	点火开关状态：
3	拆卸车门内饰板	工具： 注意事项：
4	断开扬声器线束插接器	扬声器线束是否损坏： 注意事项：
5	拆卸扬声器	工具： 注意事项：
6	检查新的扬声器	新的扬声器外观： 型号：
7	装复汽车音响系统	安装顺序： 注意事项：

续表

序号	操作内容	情况记录
8	检查、验证汽车音响系统功能	（1）汽车音响系统安装是否到位： （2）功能是否正常：
9	按照“8S”管理规定整理实训场地	
任务总结		
（对任务完成情况、技术要点、操作注意事项、存在问题等进行总结）		

四、考核评价

考核评价表

班级：　　　　　　　　　　姓名：　　　　　　　　　　工位：

项目	内容	评价标准	配分	评价记录	得分
任务准备	实训场地	1. 实训场地明亮、卫生、整洁，并按规定配备灭火器 2. 实训车辆停放在规定位置	4		
	实训器材	实训器材配备齐全	2		
		工具车中工具齐全，无损坏	2		
		实训器材摆放规范、整齐	2		

续表

项目	内容	评价标准	配分	评价记录	得分
任务准备	安全防护	实训人员规范穿戴防护用品	2		
		实训场地设置隔离栏，放置警示牌	2		
		实训车辆使用车轮挡块安全固定	2		
		规范检查车辆	2		
		规范安装车辆防护用品	2		
任务实施	汽车音响系统拆装与检查	正确检查汽车音响系统功能	10		
		正确拆卸车门内饰板	10		
		正确断开扬声器线束插接器	10		
		正确拆卸扬声器	10		
		正确检查新的扬声器	10		
		正确装复汽车音响系统	10		
		正确检查、验证汽车音响系统功能	10		
职业素养	“8S”管理	遵循“8S”管理规定	10		
安全生产	1. 因违规操作导致工具、设备损坏，扣10分 2. 因违规操作导致触电、火灾、人身安全事故、设备重大损坏，记0分				
总评					

教师签名：　　　　　　　　　　　　　　　考核日期：

任务5　倒车影像和倒车雷达构造与维修

一、任务目标

1. 能描述倒车影像和倒车雷达的组成和工作原理。
2. 能描述倒车影像和倒车雷达的常见故障及其排除方法。
3. 能规范进行倒车影像拆装与检查。
4. 能规范进行倒车影像功能检查、验证。

二、任务准备

1. 实训场地

（1）实训场地应明亮、卫生、整洁，并按规定配备灭火器。

（2）实训车辆应停放在规定位置。

2. 实训器材

根据任务要求，准备好相关的实训器材，清点核对后将检查结果记录在下表中。

实训器材清单

序号	名称	说明	检查结果
1	工具车	配备常用工具	
2	零件车		
3	工作台		
4	维修手册	与实训车辆相匹配	
5	手电筒		
6	内饰板拆装工具		
7	倒车影像主机		
8	抹布		

3. 安全防护

（1）实训人员应穿工作服和防护鞋。

（2）实训场地应设置好隔离栏，放置好警示牌。

（3）实训车辆应安全可靠固定，并安装好防护用品。

（4）操作过程应规范、标准，设备使用应严格遵守操作规程，注意人身和设备安全。

三、任务实施

倒车影像拆装与检查

班级： 姓名： 工位：

实训车辆信息			
品牌		VIN	
型号		行驶里程	
外观检查			
内部检查			

操作过程

序号	操作内容	情况记录
1	检查倒车影像功能	检查结果：
2	拆卸前准备	点火开关状态：
3	拆卸中控台两侧内饰板	工具： 注意事项：
4	拆卸倒车影像主机	工具： 拆卸顺序： 注意事项： 线束是否破损：
5	检查新的倒车影像主机	新的倒车影像主机型号： 线束插接器是否一致：
6	装复倒车影像	安装顺序： 注意事项：

续表

序号	操作内容	情况记录
7	检查、验证倒车影像功能	（1）倒车影像安装是否到位： （2）功能是否正常：
8	按照“8S”管理规定整理实训场地	

任务总结
（对任务完成情况、技术要点、操作注意事项、存在问题等进行总结）

四、考核评价

考核评价表

班级：　　　　　　　　　　姓名：　　　　　　　　　　工位：

项目	内容	评价标准	配分	评价记录	得分
任务准备	实训场地	1. 实训场地明亮、卫生、整洁，并按规定配备灭火器 2. 实训车辆停放在规定位置	4		
	实训器材	实训器材配备齐全	2		
		工具车中工具齐全，无损坏	2		
		实训器材摆放规范、整齐	2		

续表

项目	内容	评价标准	配分	评价记录	得分
任务准备	安全防护	实训人员规范穿戴防护用品	2		
		实训场地设置隔离栏，放置警示牌	2		
		实训车辆使用车轮挡块安全固定	2		
		规范检查车辆	2		
		规范安装车辆防护用品	2		
任务实施	倒车影像拆装与检查	正确检查倒车影像功能	10		
		正确拆卸中控台两侧内饰板	10		
		正确拆卸倒车影像主机	10		
		正确检查新的倒车影像主机	10		
		正确装复倒车影像	20		
		正确检查、验证倒车影像功能	10		
职业素养	“8S”管理	遵循“8S”管理规定	10		
安全生产	1. 因违规操作导致工具、设备损坏，扣10分 2. 因违规操作导致触电、火灾、人身安全事故、设备重大损坏，记0分				
总评					

教师签名： 考核日期：

项目七

——— 汽车空调系统构造与维修

任务1　汽车空调系统认知

一、任务目标

1. 能描述汽车空调系统的组成和分类。
2. 能认知汽车空调制冷系统的主要组成部件及其安装位置。
3. 能认知汽车空调控制面板的功能。

二、任务准备

1. 实训场地

（1）实训场地应明亮、卫生、整洁，并按规定配备灭火器。

（2）实训车辆应停放在规定位置。

2. 实训器材

根据任务要求，准备好相关的实训器材，清点核对后将检查结果记录在下表中。

实训器材清单

序号	名称	说明	检查结果
1	工具车	配备常用工具	
2	零件车		
3	工作台		
4	维修手册	与实训车辆相匹配	
5	举升机		
6	手电筒		
7	抹布		

3. 安全防护

（1）实训人员应穿工作服和防护鞋，戴安全帽。

（2）实训场地应设置好隔离栏，放置好警示牌。

（3）实训车辆应安全可靠固定，并安装好防护用品。

（4）操作过程应规范、标准，设备使用应严格遵守操作规程，注意人身和设备安全。

三、任务实施

汽车空调系统认知

班级：　　　　　　　　　　姓名：　　　　　　　　　　工位：

实训车辆信息			
品牌		VIN	
型号		行驶里程	
外观检查			
内部检查			

操作过程

序号	操作内容	情况记录
1	认知汽车空调制冷系统的主要组成部件及其安装位置	（1）制冷系统的作用： （2）制冷系统的主要组成部件及其安装位置

主要组成部件	安装位置
压缩机	
贮液干燥器和冷凝器	
蒸发器	
膨胀阀	

续表

序号	操作内容	情况记录
2	认知汽车空调控制面板的位置	空调控制面板在车辆上的位置：
3	起动发动机，打开汽车空调	（1）空调打开开关： （2）空调能否打开：
4	调节温度	（1）温度调节范围： （2）温度下降调节是否正常： （3）温度上升调节是否正常：
5	调节风量	（1）风量调节挡位： （2）风量增大调节是否正常： （3）风量减小调节是否正常：
6	调节出风模式	（1）“吹面”模式调节是否正常： （2）“吹脚”模式调节是否正常： （3）“吹面 / 吹脚”模式调节是否正常： （4）“吹前风窗玻璃”模式调节是否正常：
7	关闭汽车空调，关闭发动机	（1）空调关闭开关： （2）空调能否关闭：
8	按照“8S”管理规定整理实训场地	

续表

任务总结
（对任务完成情况、技术要点、操作注意事项、存在问题等进行总结）

四、考核评价

考核评价表

班级：　　　　　　　　　　姓名：　　　　　　　　　　工位：

项目	内容	评价标准	配分	评价记录	得分
任务准备	实训场地	1. 实训场地明亮、卫生、整洁，并按规定配备灭火器 2. 实训车辆停放在规定位置	4		
	实训器材	实训器材配备齐全	2		
		工具车中工具齐全，无损坏	2		
		实训器材摆放规范、整齐	2		
	安全防护	实训人员规范穿戴防护用品	2		
		实训场地设置隔离栏，放置警示牌	2		
		实训车辆使用车轮挡块安全固定	2		
		规范检查车辆	2		
		规范安装车辆防护用品	2		

续表

项目	内容	评价标准	配分	评价记录	得分
任务实施	汽车空调系统认知	正确认知汽车空调制冷系统的主要组成部件及其安装位置	10		
		正确认知汽车空调控制面板的位置	10		
		正确起动发动机，打开汽车空调	10		
		正确调节温度	10		
		正确调节风量	10		
		正确调节出风模式	10		
		正确关闭汽车空调，关闭发动机	10		
职业素养	“8S”管理	遵循“8S”管理规定	10		
安全生产	1. 因违规操作导致工具、设备损坏，扣 10 分 2. 因违规操作导致触电、火灾、人身安全事故、设备重大损坏，记 0 分				
总评					

教师签名：　　　　　　　　　　　　　　考核日期：

任务 2　汽车空调系统构造和工作原理

一、任务目标

1. 能描述汽车空调制冷系统的组成和工作原理。
2. 能描述汽车空调制冷系统的控制原理。
3. 能规范进行汽车空调压缩机电磁离合器检测。
4. 能规范进行汽车空调压缩机电磁离合器分解与组装。

二、任务准备

1. 实训场地

实训场地应明亮、卫生、整洁，并按规定配备灭火器。

2. 实训器材

根据任务要求，准备好相关的实训器材，清点核对后将检查结果记录在下表中。

实训器材清单

序号	名称	说明	检查结果
1	工具车	配备常用工具	
2	零件车		
3	工作台		
4	维修手册	与实训车辆相匹配	
5	万用表		
6	拉拔工具		
7	卡簧钳		
8	吸盘固定专用工具		
9	汽车空调压缩机		
10	电磁离合器线圈		
11	护目镜		
12	抹布		

3. 安全防护

（1）实训人员应穿工作服和防护鞋，戴护目镜。

（2）实训场地应设置好隔离栏，放置好警示牌。

（3）操作过程应规范、标准，设备使用应严格遵守操作规程，注意人身和设备安全。

三、任务实施

汽车空调压缩机电磁离合器分解、检测与组装

班级：　　　　　　　　　　姓名：　　　　　　　　　　工位：

汽车空调压缩机信息			
型号			
冷冻机油种类		冷冻机油加注量	
制冷剂种类		制冷剂加注量	
外观检查			

操作过程

序号	操作内容	情况记录
1	检查汽车空调压缩机外观	检查结果：
2	检测电磁离合器电磁线圈的电阻	正常电阻： 实测电阻：
3	拆卸吸盘	工具： 注意事项：
4	拆卸轴承卡环	工具： 注意事项：

续表

序号	操作内容	情况记录
5	拆卸传动带盘	工具： 注意事项：
6	拆卸电磁线圈卡环	工具： 注意事项：
7	拆卸电磁线圈	工具： 注意事项：
8	检测新的电磁线圈	正常电阻： 实测电阻：
9	组装电磁离合器	组装顺序： 注意事项：
10	按照“8S”管理规定整理实训场地	

任务总结
（对任务完成情况、技术要点、操作注意事项、存在问题等进行总结）

四、考核评价

考核评价表

班级：　　　　　　　　　　　姓名：　　　　　　　　　　　工位：

项目	内容	评价标准	配分	评价记录	得分
任务准备	实训场地	实训场地明亮、卫生、整洁，并按规定配备灭火器	4		
	实训器材	实训器材配备齐全	2		
		工具车中工具齐全，无损坏	2		
		实训器材摆放规范、整齐	2		
	安全防护	实训人员规范穿戴防护用品	2		
		实训场地设置隔离栏，放置警示牌	2		
		汽车空调压缩机在工作台放置平稳、可靠	4		
		规范检查汽车空调压缩机外观	2		
任务实施	汽车空调压缩机电磁离合器分解、检测与组装	正确检测电磁离合器电磁线圈的电阻	10		
		正确拆卸吸盘	10		
		正确拆卸轴承卡环	10		
		正确拆卸传动带盘	10		
		正确拆卸电磁线圈卡环和电磁线圈	10		
		正确检测新的电磁线圈	10		
		正确组装电磁离合器	10		
职业素养	“8S”管理	遵循“8S”管理规定	10		
安全生产	1. 因违规操作导致工具、设备损坏，扣10分 2. 因违规操作导致触电、火灾、人身安全事故、设备重大损坏，记0分				
总评					

教师签名：　　　　　　　　　　　　　　　　考核日期：

任务 3　汽车空调系统维修

一、任务目标

1. 能描述汽车空调制冷系统的常见故障及其故障原因。
2. 能描述常用汽车空调系统检修工具的功能和使用方法。
3. 能检查汽车空调制冷系统工作状况。
4. 能规范使用制冷剂回收加注机进行汽车空调系统制冷剂回收与加注。

二、任务准备

1. 实训场地

（1）实训场地应明亮、卫生、整洁，并按规定配备灭火器。

（2）实训车辆应停放在规定位置。

2. 实训器材

根据任务要求，准备好相关的实训器材，清点核对后将检查结果记录在下表中。

实训器材清单

序号	名称	说明	检查结果
1	工具车	配备常用工具	
2	零件车		
3	工作台		
4	维修手册	与实训车辆相匹配	
5	制冷剂回收加注机	AC350	
6	护目镜		
7	抹布		

3. 安全防护

（1）实训人员应穿工作服和防护鞋，戴护目镜。

（2）实训场地应设置好隔离栏，放置好警示牌。

（3）实训车辆应安全可靠固定，并安装好防护用品。

（4）操作过程应规范、标准，设备使用应严格遵守操作规程，注意人身和设备安全。

三、任务实施

汽车空调系统制冷剂回收与加注

班级：　　　　　　　　姓名：　　　　　　　　工位：

实训车辆信息

品牌		VIN	
型号		行驶里程	
外观检查			
内部检查			

操作过程

序号	操作内容	情况记录
1	打开制冷剂回收加注机	制冷剂质量： 注意事项：
2	检查汽车空调制冷系统工作状况	风量挡位： 注意事项：
3	连接制冷剂回收加注机和汽车空调系统	高压管路压力： 低压管路压力： 注意事项：
4	回收制冷剂	制冷剂回收量： 注意事项：
5	排出冷冻机油	冷冻机油排出量： 注意事项：

续表

序号	操作内容	情况记录
6	抽真空，保压	高压管路压力： 低压管路压力： 注意事项：
7	加注冷冻机油，二次抽真空	冷冻机油加注量： 注意事项：
8	加注制冷剂	制冷剂标准加注量： 制冷剂实际加注量： 注意事项：
9	检查、验证汽车空调制冷效果	检查、验证结果：
10	按照“8S”管理规定整理实训场地	

任务总结
（对任务完成情况、技术要点、操作注意事项、存在问题等进行总结）

四、考核评价

考核评价表

班级：　　　　　　　　　　姓名：　　　　　　　　　　工位：

项目	内容	评价标准	配分	评价记录	得分
任务准备	实训场地	1. 实训场地明亮、卫生、整洁，并按规定配备灭火器 2. 实训车辆停放在规定位置	4		
	实训器材	实训器材配备齐全	2		
		工具车中工具齐全，无损坏	2		
		实训器材摆放规范、整齐	2		
	安全防护	实训人员规范穿戴防护用品	2		
		实训场地设置隔离栏，放置警示牌	2		
		实训车辆使用车轮挡块安全固定	2		
		规范检查车辆	2		
		规范安装车辆防护用品	2		
任务实施	汽车空调系统制冷剂回收与加注	正确打开制冷剂回收加注机	10		
		正确连接制冷剂回收加注机和汽车空调系统	10		
		正确回收制冷剂	10		
		正确排出冷冻机油	10		
		正确抽真空、保压	10		
		正确加注冷冻机油、二次抽真空	10		
		正确加注制冷剂	10		
职业素养	“8S”管理	遵循“8S”管理规定	10		
安全生产	1. 因违规操作导致工具、设备损坏，扣10分 2. 因违规操作导致触电、火灾、人身安全事故、设备重大损坏，记0分				
总评					

教师签名：　　　　　　　　　　　　考核日期：

项目八 —— 汽车电路分析

任务1　汽车电路识读与检修

一、任务目标

1. 能描述汽车电路图的类型和识读方法。
2. 能描述汽车电路故障的检查方法。
3. 能规范进行汽车线束维护与修理。

二、任务准备

1. 实训场地

（1）实训场地应明亮、卫生、整洁，并按规定配备灭火器。

（2）实训车辆应停放在规定位置。

2. 实训器材

根据任务要求，准备好相关的实训器材，清点核对后将检查结果记录在下表中。

实训器材清单

序号	名称	说明	检查结果
1	工具车	配备常用工具	发
2	零件车		
3	工作台		
4	维修手册	与实训车辆相匹配	
5	电烙铁		
6	剥线钳		

续表

序号	名称	说明	检查结果
7	导线		
8	热塑管或绝缘胶带		
9	抹布		

3. 安全防护

（1）实训人员应穿工作服和防护鞋。

（2）实训场地应设置好隔离栏，放置好警示牌。

（3）实训车辆应安全可靠固定，并安装好防护用品。

（4）操作过程应规范、标准，设备使用应严格遵守操作规程，注意人身和设备安全。

三、任务实施

汽车线束维护与修理

班级：　　　　　　　　　　姓名：　　　　　　　　　　工位：

实训车辆信息

品牌		VIN	
型号		行驶里程	
外观检查			
内部检查			

操作过程

序号	操作内容	情况记录
1	检查车辆上的线束	线束是否松动、锈蚀、断裂：
2	拆卸插接器	线束是否松动、锈蚀、断裂： 插接器是否松动、破损： 注意事项：

续表

序号	操作内容	情况记录
3	连接新导线	工具： 注意事项：
4	焊接线束	工具： 注意事项：
5	包扎线束	工具： 注意事项：
6	检测线束	工具： 线束是否导通： 注意事项：
7	安装线束	注意事项：
8	按照“8S”管理规定整理实训场地	

续表

任务总结
（对任务完成情况、技术要点、操作注意事项、存在问题等进行总结）

四、考核评价

考核评价表

班级：　　　　　　　　　　　姓名：　　　　　　　　　　　工位：

项目	内容	评价标准	配分	评价记录	得分
任务准备	实训场地	1. 实训场地明亮、卫生、整洁，并按规定配备灭火器 2. 实训车辆停放在规定位置	4		
	实训器材	实训器材配备齐全	2		
		工具车中工具齐全，无损坏	2		
		实训器材摆放规范、整齐	2		
	安全防护	实训人员规范穿戴防护用品	2		
		实训场地设置隔离栏，放置警示牌	2		
		实训车辆使用车轮挡块安全固定	2		
		规范检查车辆	2		
		规范安装车辆防护用品	2		

续表

项目	内容	评价标准	配分	评价记录	得分
任务实施	汽车线束维护与修理	检查车辆上的线束	10		
		正确拆卸插接器	10		
		正确连接新导线	10		
		正确焊接线束	10		
		正确包扎线束	10		
		正确检测线束	10		
		正确安装线束	10		
职业素养	“8S”管理	遵循“8S”管理规定	10		
安全生产	1. 因违规操作导致工具、设备损坏，扣 10 分 2. 因违规操作导致触电、火灾、人身安全事故、设备重大损坏，记 0 分				
总评					

教师签名：　　　　　　　　　　　　考核日期：

任务2 比亚迪汽车电路图分析

一、任务目标

1. 能描述比亚迪汽车电路图的组成。
2. 能认知比亚迪汽车电路图的图形符号。
3. 能识读、分析比亚迪汽车电动车窗电路图。

二、任务准备

1. 实训场地

（1）实训场地应明亮、卫生、整洁，并按规定配备灭火器。

（2）实训车辆应停放在规定位置。

2. 实训器材

根据任务要求，准备好相关的实训器材，清点核对后将检查结果记录在下表中。

实训器材清单

序号	名称	说明	检查结果
1	工具车	配备常用工具	
2	零件车		
3	工作台		
4	维修手册	与实训车辆相匹配	
5	手电筒		
6	抹布		

3. 安全防护

（1）实训人员应穿工作服和防护鞋。

（2）实训场地应设置好隔离栏，放置好警示牌。

（3）实训车辆应安全可靠固定，并安装好防护用品。

（4）操作过程应规范、标准，设备使用应严格遵守操作规程，注意人身和设备安全。

三、任务实施

比亚迪汽车电动车窗电路图识读

班级：　　　　　　　　姓名：　　　　　　　　工位：

实训车辆信息

品牌		VIN	
型号		行驶里程	
外观检查			
内部检查			

操作过程

序号	操作内容	情况记录
1	分别在电路图和车辆上查找K2–4 电动车窗继电器	K2–4 电动车窗继电器的图形符号： 在车辆上的位置：
2	分别在电路图和车辆上查找F2/20 保险丝	F2/20 保险丝的图形符号： 在车辆上的位置：
3	分别在电路图和车辆上查找电动车窗控制器	电动车窗控制器的图形符号： 在车辆上的位置：
4	分别在电路图和车辆上查找右前玻璃升降器开关	右前玻璃升降器开关的图形符号： 在车辆上的位置：

续表

序号	操作内容	情况记录
5	分别在电路图和车辆上查找右前玻璃升降器电动机	右前玻璃升降器电动机的图形符号： 在车辆上的位置：
6	分别在电路图和车辆上查找电动车窗电路搭铁点	电动车窗电路搭铁点的图形符号： 在车辆上的位置：
7	按照“8S”管理规定整理实训场地	

任务总结

（对任务完成情况、技术要点、操作注意事项、存在问题等进行总结）

四、考核评价

考核评价表

班级：　　　　　　　　　　　　姓名：　　　　　　　　　　　　工位：

<table>
<tr><th>项目</th><th>内容</th><th>评价标准</th><th>配分</th><th>评价记录</th><th>得分</th></tr>
<tr><td rowspan="9">任务准备</td><td>实训场地</td><td>1. 实训场地明亮、卫生、整洁，并按规定配备灭火器
2. 实训车辆停放在规定位置</td><td>4</td><td></td><td></td></tr>
<tr><td rowspan="3">实训器材</td><td>实训器材配备齐全</td><td>2</td><td></td><td></td></tr>
<tr><td>工具车中工具齐全，无损坏</td><td>2</td><td></td><td></td></tr>
<tr><td>实训器材摆放规范、整齐</td><td>2</td><td></td><td></td></tr>
<tr><td rowspan="5">安全防护</td><td>实训人员规范穿戴防护用品</td><td>2</td><td></td><td></td></tr>
<tr><td>实训场地设置隔离栏，放置警示牌</td><td>2</td><td></td><td></td></tr>
<tr><td>实训车辆使用车轮挡块安全固定</td><td>2</td><td></td><td></td></tr>
<tr><td>规范检查车辆</td><td>2</td><td></td><td></td></tr>
<tr><td>规范安装车辆防护用品</td><td>2</td><td></td><td></td></tr>
<tr><td rowspan="6">任务实施</td><td rowspan="6">比亚迪汽车电动车窗电路图识读</td><td>正确查找 K2–4 电动车窗继电器</td><td>12</td><td></td><td></td></tr>
<tr><td>正确查找 F2/20 保险丝</td><td>12</td><td></td><td></td></tr>
<tr><td>正确查找电动车窗控制器</td><td>12</td><td></td><td></td></tr>
<tr><td>正确查找右前玻璃升降器开关</td><td>12</td><td></td><td></td></tr>
<tr><td>正确查找右前玻璃升降器电动机</td><td>12</td><td></td><td></td></tr>
<tr><td>正确查找电动车窗电路搭铁点</td><td>10</td><td></td><td></td></tr>
<tr><td>职业素养</td><td>“8S”管理</td><td>遵循“8S”管理规定</td><td>10</td><td></td><td></td></tr>
<tr><td>安全生产</td><td colspan="3">1. 因违规操作导致工具、设备损坏，扣 10 分
2. 因违规操作导致触电、火灾、人身安全事故、设备重大损坏，记 0 分</td><td></td><td></td></tr>
<tr><td colspan="4">总评</td><td></td><td></td></tr>
</table>

教师签名：　　　　　　　　　　　　　　　　考核日期：

任务 3　大众汽车电路图分析

一、任务目标

1. 能描述大众汽车电路图的组成。
2. 能认知大众汽车电路图的图形符号。
3. 能识读、分析大众汽车电源系统电路图。

二、任务准备

1. 实训场地

（1）实训场地应明亮、卫生、整洁，并按规定配备灭火器。

（2）实训车辆应停放在规定位置。

2. 实训器材

根据任务要求，准备好相关的实训器材，清点核对后将检查结果记录在下表中。

实训器材清单

序号	名称	说明	检查结果
1	工具车	配备常用工具	
2	零件车		
3	工作台		
4	维修手册	与实训车辆相匹配	
5	手电筒		
6	抹布		

3. 安全防护

（1）实训人员应穿工作服和防护鞋。

（2）实训场地应设置好隔离栏，放置好警示牌。

（3）实训车辆应安全可靠固定，并安装好防护用品。

（4）操作过程应规范、标准，设备使用应严格遵守操作规程，注意人身和设备安全。

三、任务实施

大众汽车电源系统电路图识读

班级： 姓名： 工位：

实训车辆信息

品牌		VIN	
型号		行驶里程	
外观检查			
内部检查			

操作过程

序号	操作内容	情况记录
1	分别在电路图和车辆上查找蓄电池	蓄电池的图形符号： 在车辆上的位置：
2	分别在电路图和车辆上查找 SA 保险丝架	SA 保险丝架的图形符号： 在车辆上的位置：
3	分别在电路图和车辆上查找交流发电机	交流发电机的图形符号： 在车辆上的位置：
4	分别在电路图和车辆上查找 J519 车载电网控制单元	J519 车载电网控制单元的图形符号： 在车辆上的位置：

续表

序号	操作内容	情况记录
5	分别在电路图和车辆上查找T4插接器及线束	T4插接器的图形符号： 在车辆上的位置：
6	分别在电路图和车辆上查找交流发电机励磁线	交流发电机励磁线的图形符号： 在车辆上的位置：
7	分别在电路图和车辆上查找电源系统电路接地点	电源系统电路接地点的图形符号： 在车辆上的位置：
8	按照“8S”管理规定整理实训场地	

任务总结
（对任务完成情况、技术要点、操作注意事项、存在问题等进行总结）

四、考核评价

考核评价表

班级：　　　　　　　　　　姓名：　　　　　　　　　　工位：

<table>
<tr><th>项目</th><th>内容</th><th>评价标准</th><th>配分</th><th>评价记录</th><th>得分</th></tr>
<tr><td rowspan="9">任务准备</td><td>实训场地</td><td>1. 实训场地明亮、卫生、整洁，并按规定配备灭火器
2. 实训车辆停放在规定位置</td><td>4</td><td></td><td></td></tr>
<tr><td rowspan="3">实训器材</td><td>实训器材配备齐全</td><td>2</td><td></td><td></td></tr>
<tr><td>工具车中工具齐全，无损坏</td><td>2</td><td></td><td></td></tr>
<tr><td>实训器材摆放规范、整齐</td><td>2</td><td></td><td></td></tr>
<tr><td rowspan="5">安全防护</td><td>实训人员规范穿戴防护用品</td><td>2</td><td></td><td></td></tr>
<tr><td>实训场地设置隔离栏，放置警示牌</td><td>2</td><td></td><td></td></tr>
<tr><td>实训车辆使用车轮挡块安全固定</td><td>2</td><td></td><td></td></tr>
<tr><td>规范检查车辆</td><td>2</td><td></td><td></td></tr>
<tr><td>规范安装车辆防护用品</td><td>2</td><td></td><td></td></tr>
<tr><td rowspan="7">任务实施</td><td rowspan="7">大众汽车电源系统电路图识读</td><td>正确查找蓄电池</td><td>10</td><td></td><td></td></tr>
<tr><td>正确查找 SA 保险丝架</td><td>10</td><td></td><td></td></tr>
<tr><td>正确查找交流发电机</td><td>10</td><td></td><td></td></tr>
<tr><td>正确查找 J519 车载电网控制单元</td><td>10</td><td></td><td></td></tr>
<tr><td>正确查找 T4 插接器及线束</td><td>10</td><td></td><td></td></tr>
<tr><td>正确查找交流发电机励磁线</td><td>10</td><td></td><td></td></tr>
<tr><td>正确查找电源系统电路接地点</td><td>10</td><td></td><td></td></tr>
<tr><td>职业素养</td><td>“8S”管理</td><td>遵循“8S”管理规定</td><td>10</td><td></td><td></td></tr>
<tr><td>安全生产</td><td colspan="3">1. 因违规操作导致工具、设备损坏，扣 10 分
2. 因违规操作导致触电、火灾、人身安全事故、设备重大损坏，记 0 分</td><td></td><td></td></tr>
<tr><td colspan="4">总评</td><td></td><td></td></tr>
</table>

教师签名：　　　　　　　　　　考核日期：

任务 4　丰田汽车电路图分析

一、任务目标

1. 能描述丰田汽车电路图的组成。
2. 能认知丰田汽车电路图的图形符号。
3. 能识读、分析丰田汽车点火系统电路图。

二、任务准备

1. 实训场地

（1）实训场地应明亮、卫生、整洁，并按规定配备灭火器。

（2）实训车辆应停放在规定位置。

2. 实训器材

根据任务要求，准备好相关的实训器材，清点核对后将检查结果记录在下表中。

实训器材清单

序号	名称	说明	检查结果
1	工具车	配备常用工具	
2	零件车		
3	工作台		
4	维修手册	与实训车辆相匹配	
5	手电筒		
6	抹布		

3. 安全防护

（1）实训人员应穿工作服和防护鞋。

（2）实训场地应设置好隔离栏，放置好警示牌。

（3）实训车辆应安全可靠固定，并安装好防护用品。

（4）操作过程应规范、标准，设备使用应严格遵守操作规程，注意人身和设备安全。

三、任务实施

丰田汽车点火系统电路图识读

班级：　　　　　　　　　　姓名：　　　　　　　　　　工位：

实训车辆信息			
品牌		VIN	
型号		行驶里程	
外观检查			
内部检查			

操作过程

序号	操作内容	情况记录
1	分别在电路图和车辆上查找 IG2 Relay 继电器	IG2 Relay 继电器的图形符号： 在车辆上的位置：
2	分别在电路图和车辆上查找 IG2 保险丝	IG2 保险丝的图形符号： 在车辆上的位置：
3	分别在电路图和车辆上查找 A46 接线连接器	A46 接线连接器的图形符号： 在车辆上的位置：
4	分别在电路图和车辆上查找 BA1 插接器、B30 静噪器和线束连接点	（1）BA1 插接器的图形符号： 在车辆上的位置： （2）B30 静噪器的图形符号： 在车辆上的位置：

续表

序号	操作内容	情况记录
5	分别在电路图和车辆上查找 B31 发动机 ECM	B31 发动机 ECM 的图形符号： 在车辆上的位置：
6	分别在电路图和车辆上查找点火线圈	点火线圈的图形符号： 在车辆上的位置：
7	分别在电路图和车辆上查找点火系统电路搭铁点	点火系统电路搭铁点的图形符号： 在车辆上的位置：
8	按照“8S”管理规定整理实训场地	

任务总结
（对任务完成情况、技术要点、操作注意事项、存在问题等进行总结）

四、考核评价

考核评价表

班级： 姓名： 工位：

项目	内容	评价标准	配分	评价记录	得分
任务准备	实训场地	1. 实训场地明亮、卫生、整洁，并按规定配备灭火器 2. 实训车辆停放在规定位置	4		
	实训器材	实训器材配备齐全	2		
		工具车中工具齐全，无损坏	2		
		实训器材摆放规范、整齐	2		
	安全防护	实训人员规范穿戴防护用品	2		
		实训场地设置隔离栏，放置警示牌	2		
		实训车辆使用车轮挡块安全固定	2		
		规范检查车辆	2		
		规范安装车辆防护用品	2		
任务实施	丰田汽车点火系统电路图识读	正确查找 IG2 Relay 继电器	10		
		正确查找 IG2 保险丝	10		
		正确查找 A46 接线连接器	10		
		正确查找 BA1 插接器、B30 静噪器和线束连接点	10		
		正确查找 B31 发动机 ECM	10		
		正确查找点火线圈	10		
		正确查找点火系统电路搭铁点	10		
职业素养	“8S”管理	遵循“8S”管理规定	10		
安全生产	1. 因违规操作导致工具、设备损坏，扣 10 分 2. 因违规操作导致触电、火灾、人身安全事故、设备重大损坏，记 0 分				
总评					

教师签名： 考核日期：

任务 5　雪佛兰汽车电路图分析

一、任务目标

1. 能描述雪佛兰汽车电路图的组成。
2. 能认知雪佛兰汽车电路图的图形符号。
3. 能识读、分析雪佛兰汽车起动系统电路图。

二、任务准备

1. 实训场地

（1）实训场地应明亮、卫生、整洁，并按规定配备灭火器。

（2）实训车辆应停放在规定位置。

2. 实训器材

根据任务要求，准备好相关的实训器材，清点核对后将检查结果记录在下表中。

实训器材清单

序号	名称	说明	检查结果
1	工具车	配备常用工具	
2	零件车		
3	工作台		
4	维修手册	与实训车辆相匹配	
5	手电筒		
6	抹布		

3. 安全防护

（1）实训人员应穿工作服和防护鞋。

（2）实训场地应设置好隔离栏，放置好警示牌。

（3）实训车辆应安全可靠固定，并安装好防护用品。

（4）操作过程应规范、标准，设备使用应严格遵守操作规程，注意人身和设备安全。

三、任务实施

雪佛兰汽车起动系统电路图识读

班级：　　　　　　　　　　姓名：　　　　　　　　　　工位：

<table>
<tr><td colspan="4">实训车辆信息</td></tr>
<tr><td>品牌</td><td></td><td>VIN</td><td></td></tr>
<tr><td>型号</td><td></td><td>行驶里程</td><td></td></tr>
<tr><td>外观
检查</td><td colspan="3"></td></tr>
<tr><td>内部
检查</td><td colspan="3"></td></tr>
</table>

<table>
<tr><td colspan="3">操作过程</td></tr>
<tr><th>序号</th><th>操作内容</th><th>情况记录</th></tr>
<tr><td>1</td><td>识读起动机电源电路</td><td>（1）C1 蓄电池的图形符号：

在车辆上的位置：
（2）F6BA/600A 保险丝的图形符号：

在车辆上的位置：
（3）F6UA/500A 保险丝的图形符号：

在车辆上的位置：
（4）M64 起动机的图形符号：

在车辆上的位置：</td></tr>
</table>

续表

序号	操作内容	情况记录
2	识读K20发动机控制模块电源电路	F52UA/7.5A保险丝的图形符号： 在车辆上的位置：
3	识读KR27起动继电器电源电路	（1）KR27起动继电器的图形符号： 在车辆上的位置： （2）F1UA/30A保险丝的图形符号： 在车辆上的位置：
4	识读自动变速器挡位信号电路	自动变速器挡位信号线束插接器的图形符号： 在车辆上的位置：
5	识读S39点火开关信号电路	（1）S39点火开关的图形符号： 在车辆上的位置： （2）K9车身控制模块的图形符号： 在车辆上的位置：

续表

序号	操作内容	情况记录
6	识读K84无匙进入控制模块信号电路	K84无匙进入控制模块的图形符号： 在车辆上的位置：
7	识读K20发动机控制模块电路	K20发动机控制模块的图形符号： 在车辆上的位置：
8	识读起动机工作电路	起动机控制线束的图形符号： 在车辆上的位置：
9	按照“8S”管理规定整理实训场地	

任务总结

（对任务完成情况、技术要点、操作注意事项、存在问题等进行总结）

四、考核评价

考核评价表

班级：　　　　　　　　姓名：　　　　　　　　工位：

项目	内容	评价标准	配分	评价记录	得分
任务准备	实训场地	1. 实训场地明亮、卫生、整洁，并按规定配备灭火器 2. 实训车辆停放在规定位置	4		
	实训器材	实训器材配备齐全	2		
		工具车中工具齐全，无损坏	2		
		实训器材摆放规范、整齐	2		
	安全防护	实训人员规范穿戴防护用品	2		
		实训场地设置隔离栏，放置警示牌	2		
		实训车辆使用车轮挡块安全固定	2		
		规范检查车辆	2		
		规范安装车辆防护用品	2		
任务实施	雪佛兰汽车起动系统电路图识读	正确识读起动机电源电路	10		
		正确识读 K20 发动机控制模块电源电路	10		
		正确识读 KR27 起动继电器电源电路	10		
		正确识读自动变速器挡位信号电路	10		
		正确识读 S39 点火开关信号电路	10		
		正确识读 K84 无匙进入控制模块信号电路	10		
		正确识读 K20 发动机控制模块电路	10		

续表

<table>
<tr><th>项目</th><th>内容</th><th>评价标准</th><th>配分</th><th>评价记录</th><th>得分</th></tr>
<tr><td>职业素养</td><td>“8S”管理</td><td>遵循“8S”管理规定</td><td>10</td><td></td><td></td></tr>
<tr><td>安全生产</td><td colspan="3">1. 因违规操作导致工具、设备损坏，扣 10 分
2. 因违规操作导致触电、火灾、人身安全事故、设备重大损坏，记 0 分</td><td></td><td></td></tr>
<tr><td colspan="4">总评</td><td></td><td></td></tr>
</table>

教师签名：　　　　　　　　　　　　　　考核日期：